DER TRAUM VOM PILGERN

Friedhelm Grewe

DER TRAUM VOM PILGERN

Die großen Wallfahrtswege Europas

Diederichs

Mit Beiträgen von Ewald Hillmann und Gerda Rob

Bibliografische Information der Deutschen Bibliothek

Die Deutsche Bibliothek verzeichnet diese Publikation
in der Deutschen Nationalbibliografie; detaillierte bibliografische Daten
sind im Internet unter http://dnb.ddb.de abrufbar.

© Heinrich Hugendubel Verlag, Kreuzlingen/München 2007
Alle Rechte vorbehalten

Umschlaggestaltung: Weiss/Zembsch/Partner: WerkstattMünchen unter Verwendung eines Motivs von
mauritius images, Rossenbach
Produktion: txt redaktion & agentur, Lünen/München
Druck und Bindung: Mohmedia, Gütersloh
Printed in Germany

ISBN: 978-3-7205-3005-7

••• INHALT •••

7   AUF DEM WEG SEIN

10   ALTÖTTING

16   ARS UND LA SALETTE

24   ASSISI

36   BANNEUX

42   FATIMA

52   JERUSALEM

68   KEVELAER

74   LOURDES

86   MARIAZELL

96   PADUA

106   ROM

124   SANTIAGO DE COMPOSTELA

140   TSCHENSTOCHAU

150   TURIN

160   VITA • BILDNACHWEIS

AUF DEM WEG SEIN

Pilgern bedeutet unterwegs sein – zu einem Ziel, zu Gott und zu sich selbst, zu Orten, an denen Gott sich in außergewöhnlicher Weise den Menschen gezeigt hat in außergewöhnlichen Menschen, den Heiligen, oder in außergewöhnlichen Erscheinungen. Pilgerinnen und Pilger suchen auf ihren Wallfahrtswegen nicht das kurze, schnelle Glück wie die Anhänger eines Fußballvereins, die allwöchentlich zum Stadion pilgern, oder der Popfan, der zum bejubelten Konzert seines Idols zieht. Der Pilger, der auf dem Jakobsweg unterwegs ist, der Pilger, der zu Orten der Marienerscheinungen unterwegs ist und der Pilger, der dem Lebensweg eines Heiligen folgt – sie alle sind auf der Suche nach »Lebenswerten«, nach dem, was bleibt und nach dem, was unser Leben trägt.

Aber ist Pilgern eigentlich in? Ist es in unserer schnelllebigen Zeit und der Internet-Ära überhaupt zeitgemäß, sich zu Fuß, mit dem Bus, dem Fahrrad oder womöglich sogar mit dem Pferd auf den Weg zu einem der

AUF DEM WEG SEIN

großen christlichen Wallfahrtsorte zu machen? Wir leben doch angeblich in einem »globalen Dorf«, wo alles stets und ständig verfügbar ist, ohne dass wir das Haus verlassen müssen. Wir sind modern, wollen fortschrittlich sein, sind stets verfügbar und bereit, unsere Chancen im Privaten und Beruflichen konsequent zu nutzen. Glaube, Religion und Kirche haben es in dieser Zeit nicht leicht, die Herzen der Menschen zu erreichen. Aber haben sie es jemals leicht gehabt? Gerade die virtuelle Welt bietet, so wird oftmals suggeriert, immer mehr »Bewegungsspielraum« für den Einzelnen. Aber ist dem vielleicht gar nicht so? Unser konsumorientierter Alltag ist wahrlich nicht arm an Reizen, aber der Mensch, der Einzelne, bleibt dabei vielfach auf der Strecke.

Schnelligkeit und ständige Verfügbarkeit überfordern viele, machen sie krank an Körper und Seele. Die Suche nach Gemeinschaft, nach Gott, nach Ruhe, nach tief empfundener Hoffnung auf Antworten, nach Sinn und Orientierung, ja vielleicht auch nach sich selbst, bewegt immer mehr Menschen. Sich auf einen der Pilgerwege zu begeben ist eine Möglichkeit für Suchende.

Es gibt zahllose Arten, sich auf den Weg zu machen, ganz persönliche Erkenntnisse zu gewinnen: schweigend und allein oder betend und singend in einer Gruppe. Das Pilgern bietet mehr denn je eine Chance, Erfahrungen zu machen, die prägend sein können. Die Wallfahrtswege Europas laden ein zu Einkehr und Besinnung. Wir können uns ein Beispiel nehmen an dem Leben der Heiligen, die konsequent ihren Glauben gelebt haben, an der ursprünglichen Frömmigkeit, die auf der christlichen Botschaft von der Gottes- und Menschenliebe basiert. Beide gehören untrennbar zusammen und die Heiligen sowie viele Gläubige haben es gezeigt: Nur mit der Liebe zu Gott und den Menschen kann Leben wirklich gelingen. Pilgern wird so zu einem Lernort des guten menschlichen Miteinanders.

Seit Jahrhunderten pilgern Menschen in tiefem Glauben, aus überschäumender Dankbarkeit und ehrlicher Frömmigkeit. Nicht irgendwohin führen die Wege, die so viel zu bieten haben, sondern zu einem der großen Wallfahrtsorte der Christenheit. Ob es der Jakobsweg nach Santiago de Compostela ist oder der Weg auf den Spuren des heiligen Franz von Assisi, ob es ein Weg zu einem der kleinen Wallfahrtsorte wie Ars-sur-Formans ist oder ein stiller Weg in eine der pulsierenden und traditionsreichen Metropolen wie Rom oder Jerusalem. Sich aufzumachen ist ein Entschluss, der tiefem Glauben entspringt. Mit diesem Entschluss beginnt die Pilgerreise, egal ob man zu Fuß, mit dem Auto oder gar dem Flugzeug anreist. Viele Men-

8

▪▪▪ AUF DEM WEG SEIN ▪▪▪

schen pilgern nicht allein, sondern in Gemeinschaft. Beten, Meditation, spirituelle Erlebnisse, Gottesdienst oder einfach die Freude an der Reise sind dabei besonders wichtig. Die Wege, die dieses Buch vorstellt, sind vielfältig. Selten gibt es nur einen Pilgerweg, der zu einem bestimmten Ziel führt, meist sind es unzählige. Jeder Pilger geht seinen eigenen Weg, wenn es um die innere Einkehr geht. Pilgerwege bieten die Chance, zur Ruhe zu kommen, in der Natur mit sich allein und mit Gott zu sein, Antworten im inneren Dialog – der Christ nennt es Gebet – nachzuspüren, die im dröhnenden Alltag meist verschüttet bleiben. Und Gemeinschaft zu erfahren, mit anderen Pilgern aus aller Welt zu feiern und sich auf christliche Werte zu besinnen, sie einzuüben und in den Alltag zu übersetzen.

Pilgern ist aber auch beschwerlich. Manche Wallfahrtswege sind lang, nehmen Tage oder Wochen in Anspruch. Wallfahrten verlangen eine Menge Mut und Durchhaltevermögen von den Gläubigen. Aber warum auch nicht? Pilgern war und ist zeitgemäß, weil der Mensch seit jeher auf der Suche nach Gott und sich selber ist. Das haben auch immer mehr junge und jung gebliebene Menschen erkannt. Viele von ihnen machen sich in ihren Ferien auf, um Erfahrungen zu machen, die nicht alltäglich sind. Kirchengemeinden, Reisebüros, die sich auf Pilgerreisen spezialisiert haben, und viele Geistliche organisieren Fahrten, die zu den Wurzeln des christlichen Glaubens führen.

Neben der spirituellen und tief religiösen Erfahrung gehört auch die Freude am intensiven Gemeinschaftserlebnis dazu. In einer Gruppe ist man nicht allein. Man kann die vielen Erlebnisse am Wegesrand oder Gedanken, die einen bewegen, austauschen. Die Gruppe fängt den, der nicht mehr kann, auf. Sie lässt aber auch Ruhe zu. Eine Pilgerreise bietet die Möglichkeit, die Stille eines Weges, der oft durch herrliche Landschaften führt, allein zu genießen. In dieser Atmosphäre kann man auf Gott hören und seinen Lebensweg laufend meditieren. Gott gibt Antworten auf die Fragen, die den Pilger bewegen, weil er mitgeht und man ihn in der Stille des Weges besser wahrnehmen kann als in der Betriebsamkeit des Alltags. Auf den Wegen macht man überraschende Erfahrungen, erst recht, wenn man mit Pilgern aus anderen Ländern zusammentrifft. Pilgern ist grenzüberschreitend. Das, was verbindet, ist der gemeinsame Glaube an den einen Gott, der sich in Jesus offenbart hat, ist die Kraft der christlichen Botschaft, die den Menschen verändern kann. Jeder Weg hat ein Ziel, jedes Ziel seinen eigenen Charakter – mal laut und pulsierend, mal ruhig und bescheiden. Eines haben sie aber alle gemeinsam: Durch sie hat Gott uns heute immer noch viel zu sagen – vielleicht sogar mehr, als wir manchmal selber zulassen wollen.

ALTÖTTING

PATRONA BAVARIAE UND DER HEILIGE DES ALLTAGS

Es sind schon einige tausend Kilometer von Oberbayern bis ins Heilige Land. Aber diese Strecke soll ein Mann um 1875 aufgrund eines Gelübdes von Altötting aus zu Fuß zurückgelegt haben – mit einem etwa anderthalb Meter hohen Kreuz auf seinen Schultern. Dieses Kreuz hängt heute an der Eingangswand der Moseskapelle in der wunderschönen Kirche der Verklärung auf dem Berg Tabor östlich von Nazareth. Unter einer schützenden Glasabdeckung sind auf dem Kreuz alte Zeitungsartikel und ein Bild der Gnadenkapelle von Altötting zu sehen.

Was hat es mit Altötting auf sich? Was strahlt dieser urbayerische Ort aus? Wo wollen die vielen Menschen hin? Ihr Ziel ist die »uralt Capelln«. Die Gläubigen, die seit über 500 Jahren aus ganz Bayern und aus vielen anderen Regionen Europas hierhin pilgern, hoffen auf die »schwarze Madonna«. Jährlich strömen über eine Million Christen nach Altötting zur Muttergottes und zum Sarkophag des heiligen Konrad. Rund 100 Kilometer östlich von München liegt die kleine Kreisstadt, ganz im Osten Oberbayerns, nahe dem schönen Inn und der Grenze zu Österreich.

Ein altes bayerisches Sprichwort sagt: »Von jeder Haustür geht ein Weg nach Altötting.« Und in der Tat: Viele Pilgerwege führen zur »schwarzen Madonna«. Einer der traditionsreichsten Pfade in das geistliche Zentrum Oberbayerns ist die Regensburger Diözesan-Fußwallfahrt. Mehrere tausend Pilger machen sich alljährlich auf den Weg zur »schwarzen Madonna«. Im Jahr 2006 fand die Wallfahrt zum 177. Mal statt. Es war der größte Pilgerzug Deutschlands. 8000 Menschen zogen betend und in tiefer Gläubigkeit verbunden über Mangolding, Mengkofen, Dingolfing und Massing bis nach Altötting. Gebete und Gesang, Gottesdienste und Gespräche – all das erleben die Pilger in der beschaulichen Atmosphäre Oberbayerns, wenn sie vorbei an Wiesen und Wäldern die freie Natur und eine tiefe Verbundenheit mit Gott erleben. Natürlich bedeutet es auch eine Strapaze, denn immerhin ist es ein Fußmarsch von 111 Kilometer, den die Regensburger Pilger auf sich nehmen und gemeinsam bewältigen. Am Dienstag nach Christi Himmelfahrt erreicht die traditionsreiche Fußwallfahrt der Oberpfälzer nach mehrtägigem Gang ihr Ziel. Zu Pfingsten treffen sich viele Pilger in Altötting wie

Der Kapellplatz Altöttings mit seinen Kirchen und weiten Rasenflächen ist das Ziel der Wallfahrt.

die Wallfahrer der Legio Mariä aus München, Rosenheim und Salzburg. Etwa um das Jahr 700 wurde die Kapelle in Altötting errichtet, wo vorher 4000 Jahre lang eine heidnische Kultstätte stand. Hierher strömen die Gläubigen aber nicht nur aus Bayern, sondern auch aus vielen anderen Gegenden Deutschlands und der Nachbarländer. Man sieht sie als Familien fröhlich auf einem der zahlreichen Wege, die von vielen Gemeinden aus nach Altötting führen, man sieht sie als in sich gekehrte, ins Gebet versunkene Fußpilger, einzeln oder in Gruppen, zu jeder Jahreszeit, besonders in den Monaten Mai bis Oktober. Der Schwerpunkt liegt um

••• ALTÖTTING •••

Pfingsten herum. Neben dem Marsch der Regensburger gehören die Pilgerreise der Gebirgsschützen und die Landestrachten-Wallfahrt zu den traditionsreichsten ihrer Art. Man kann von richtigen Pilgerströmen sprechen, ist es doch ein Bedürfnis der Menschen, dorthin zu gehen, wo das Herz des Glaubens schlägt, wo jemand wartet, wie es die »schwarze Madonna von Altötting« seit Jahrhunderten tut.

Die Herzen der Herrscher in der Gnadenkapelle

Nicht nur namenlose Leute machen sich auf den Weg nach Altötting, auch Fürsten und Päpste kamen. Herzog Wilhelm der Fromme pilgerte viele Male in die oberbayerische Stadt, sein Sohn Maximilian I. ging den Weg dorthin zu Fuß. Alle legten ihr Schicksal der Muttergottes zu Füßen, der »Patrona Bavariae«, Schutzpatronin des Bayernlandes. Papst Pius VI. war schon 1782 in Altötting, Papst Johannes Paul II., ein glühender Marienverehrer, betete am 18./19. November 1980 in der Kapelle. Am 11. September 2006 kniete auch Papst Benedikt XVI. vor dem Gnadenbild, feierte auf dem Kapellplatz eine große feierliche Messe und weihte die neue Anbetungskapelle ein. Dass manche ihr Herz in Altötting ließen, stimmt im wirklichen Sinne. Die Oberhäupter des Hauses Wittelsbach veranlassten, dass nach ihrem Hinscheiden ihre Herzen in silbernen Gefäßen dicht bei der Muttergottes niedergelegt wurden, um ganz nahe an Maria zu ruhen. Seit 1651, dem Todesjahr Maximilians I., fanden mehr als 20 Herzen von Herrschern und ihren Gemahlinnen in der Wallfahrts- oder Gnadenkapelle ihre letzte Heimat.

Wer ist die »schwarze Madonna«?

Sie ist keine Afrikanerin und ihr Holz ist auch kein schwarzes Ebenholz, sondern normales Lindenholz. Vor 700 Jahren wurde

Mit ihren Sorgen kommen die Pilger zur »schwarzen Madonna«, die ihnen Kraft und Hoffnung gibt.

▪ ▪ ▪ **ALTÖTTING** ▪ ▪ ▪

diese Madonnenstatue als kleine, 64 cm hohe Figur von einem unbekannten Meister im gotischen Stil geschnitzt: Sie ist der Blickfang im dunklen Oktogon der Kapelle und das Ziel der Pilger. Maria hält auf ihrem rechten Arm das Jesuskind, in der Linken ein Zepter. Sie trägt, genau wie ihr Sohn, eine Krone und Gewänder aus Gold. Majestätisch thront sie da und schaut auf ihr Kind. Wie viele Kerzen wurden im Laufe der Jahrhunderte vor ihr entzündet? Wie viele Gebete stiegen mit den schweren Weihrauchschwaden zum Himmel empor? So färbte sich allmählich das helle Lindenholz ganz dunkel, so dunkel, dass wir heute zu Recht von einer »schwarzen Madonna« sprechen können.

Wunder sind häufig die Anlässe von Wallfahrten. So auch hier in Altötting. 1489, so berichten die alten Schriften, fiel ein dreijähriger Junge in einen Bach in der Nähe von »Alten-Oeting« – wie der Ort damals hieß – und wurde nach einer halben Stunde tot herausgezogen. Die verzweifelte Mutter nahm voller Gottvertrauen ihr Kind und trug es zu der Kapelle. Dort legte sie es auf den Altar und bat Maria inständig um Hilfe. Und dann geschah das Unglaubliche: Das Kind wurde wieder lebendig. Auch von einem zweiten Wunder wissen wir: Ein sechsjähriger Bauernjunge wurde bei der Ernte von einem schweren Heuwagen überrollt, sein Oberkörper so zerquetscht, dass keine Hoffnung auf Rettung mehr zu bestehen schien. Die traurigen Angehörigen flehten, legten ein frommes Gelübde ab und am nächsten Tag war der Junge wieder fidel. Das waren die Ereignisse, die die ersten Pilger anzogen und Ausgangspunkte für die Wallfahrten, die bis heute nicht abreißen.

Der größte Sohn Altöttings, der heilige Kapuzinerbruder Konrad, stammte gar nicht aus Altötting, sondern aus Parzham im Rottal. Er wurde als Bauernsohn unter dem Namen Johann Birndorfer 1818 auf dem Venushof geboren. 31 Jahre lang schuftete er dort zunächst als Knecht, dann als Jungbauer und Hoferbe. Schon früh fiel seine große Liebe zum Gebet auf, regelmäßig besuchte er die heilige Messe und nahm dafür weite Wege in Kauf. Über einen langen Zeitraum hinweg reifte in ihm der Wunsch, sich ganz Gott zu weihen. So verkaufte er all seinen Besitz und trat 1849 in das Kapuzinerkloster St. Anna in Altötting ein. An der dortigen Pforte versah er in großer Treue und Sorgfalt seinen Dienst. Für alle, die an die Klosterpforte anklopften, hatte er ein gutes Wort, ein Stückchen Brot, einen Schluck Wasser. Der größte Wunsch des Kapuzinerbruders war es, dem dienenden Christus immer ähnlicher zu werden – so wie einst sein Ordensvater Franziskus. Im täglichen Einerlei des Pfortendienstes wurde er zum Diener aller, zum Heiligen des Alltags. Er war sein Leben lang für die Menschen da. Darüber hinaus hat er nichts Außergewöhnliches gemacht, keine großen Reden gehalten, keine erstaunlichen Taten vollbracht. Sein größter Schatz war immer das Gebet, der Blick aufs Kreuz, das für ihn das gesamte Evangelium widerspiegelte. Am 21. April 1894 starb er, am 20. Mai 1934 wurde er heiliggesprochen. Seine sterblichen Überreste ruhen unter dem Altar des Kapuzinerklosters von Altötting, das zum Ziel vieler Wallfahrer geworden ist. Ihm werden bis auf den heutigen Tag viele Wunder zugeschrieben, die Gott auf seine Fürbitte hin bewirkt hat. Elise Erl, 1917 geboren, konnte als Kind weder stehen noch gehen. Auf die Fürsprache des heiligen Bruders Konrad wurde sie im Jahr 1922 geheilt, so die Legende.

Die Riten der Wallfahrt

Das Pilgerkreuz tragen: Man muss das Gesicht in den Wind halten, wenn man zu einer Wallfahrt aufbricht, das Pilgerkreuz nimmt und mit Gesängen und Rosenkranzgebet durch die Straßen zieht. Das Ziel ist die Muttergottes von Altötting. Manche Zuschauer an einem der Wege lächeln mitleidig, andere bekreuzigen sich und geben gute Wünsche mit. Das Kreuz wird vorangetragen, schön geschmückt mit frischen Blumen und Kräutern, als Dank für eine erwiesene Wohltat, aber auch schwer beladen mit den Hoffnungen der Menschen, ihren Sorgen und persönlichen Kreuzen. Es ist das Erlebnis der Gemeinschaft, das stärkt, aber auch die Möglichkeit, versunken ins Gebet, Ruhe und zu sich selbst zu finden. So kommen die Pilger gemeinsam mit ihrem Kreuz zum Heiligtum und gewissermaßen nach Hause. Auf den Lippen haben sie ihr Gebet: »Heilige Mutter von Altötting, steh mir bei in meiner Not, im Leben und im Tod.«

Betend um das Heiligtum: Ein anderer Ritus besteht darin, eines der etwa ein Meter hohen hölzernen Kreuze im Umgang der Kapelle zu schultern und betend um das Heiligtum zu tragen. Mit Blick auf die etwa 2000 bunten Votivtafeln aus mehreren Jahrhunderten, die außen an der Gnadenkapelle angebracht sind und von dem Vertrauen auf die Hilfe der Muttergotes erzählen, spüren die Kreuzträger etwas von der ganz persönlichen Kreuzesnachfolge und schöpfen so neuen Mut, ihr eigenes »Kreuz« zu tragen, ihr Leid zu akzeptieren und ihren Lebensweg mutig weiterzugehen. Es ist ein ganz individuelles, ursprüngliches und tiefes Erlebnis, das der Pilger in Altötting erfahren kann.

Briefe an Bruder Konrad: Der Lieblingsplatz des heiligen Bruders Konrad war die winzige Alexiuszelle unter einer Treppe, die ihm durch einen Mauerdurchbruch den Blick auf den Altar der Klosterkirche ermöglichte. Hier konnte er auch während seines Pfortendienstes die

ALTÖTTING

heilige Messe verfolgen. Der Name Alexiuszelle geht auf den syrischen heiligen Alexius zurück, der im 4. Jahrhundert 17 Jahre lang unerkannt unter einer Treppe seines Elternhauses gelebt haben soll. Viele Pilger, die nach Altötting kommen und das Kloster des heiligen Bruders Konrad besuchen, legen in dieser Gebetsnische bis auf den heutigen Tag Briefe an Konrad nieder in dem Glauben und Vertrauen, dass er die großen und kleinen Anliegen einfacher Menschen versteht und vor Gott trägt.

Waschen mit Bruder-Konrad-Wasser: Es ist keine Augenwischerei, was die Pilger machen, bevor sie das Kloster betreten und die im Torgang im ursprünglichen Zustand erhaltene Pforte sehen. Sie waschen sich am Bruder-Konrad-Brunnen, rechts neben dem Eingang zum Kloster, ihre Augen. Dem Wasser werden heilende Kräfte zugeschrieben, besonders bei Augenleiden. Aber die Mehrzahl der Pilger erhofft sich auch, dass Bruder Konrad ihnen die Augen öffne für die wesentlichen Dinge des Lebens – und das sind wohl kaum Reichtum, Macht und Besitz.

INFORMATIONEN FÜR DEN PILGER

Altötting
Stadt in Oberbayern (rd. 13 000 Einwohner), 100 Kilometer östlich von München, mit jahrhundertealter Tradition als Wallfahrtsziel; Ort der »schwarzen Madonna« und Wirkungsstätte des Kapuzinerbruders Konrad
Sehenswürdigkeiten
- Gnadenkapelle
- Anbetungskapelle
- Stiftspfarrkirche St. Philipp und Jakob
- Kapuzinerkirche St. Magdalena
- Kongregationssaal
- Basilika St. Anna
- St. Konrad
- Jerusalem-Panorama (Rundblickgemälde in einem separaten Kuppelbau; Deutschlands einziges christlich-historisches Panorama, das das alte Jerusalem und die Kreuzigung Jesu zeigt)

Besondere Veranstaltungen
26./27. Juli: Am Abend des 26. Juli findet die sog. Sturm-Litanei mit Sturmlied, am Morgen des 27. Juli ein Hochamt mit dem Sturmlied statt. Beide Veranstaltungen erinnern an den Widerstand der Altöttinger Bevölkerung, die 1704 verhinderte, dass das Gnadenbild entfernt wurde.
15. August: Größter Wallfahrtstag neben dem 1. Mai. Am Vorabend festliche Lichterprozession auf dem Kapellplatz mit Ansprache des Bischofs.
Weitere Infos
- www.altoetting-wallfahrt.de

ARS UND LA SALETTE

EINKEHR UND MEDITATION

Ars-sur-Formans und La Salette, zwei kleine Wallfahrtsorte in Frankreich, sind fast so etwas wie Geheimtipps für den Pilger. Die Wege nach Ars, zur Wirkungsstätte des heiligen Johannes Maria Vianney oder Jean-Marie Baptiste Vianney, des Schutzpatrons der Pfarrer, und nach La Salette, bekannt durch eine Marienerscheinung, sind etwas ganz Besonderes. Beide Pilgerziele sind durch ihre ganz eigene Atmosphäre Plätze der Stille und laden den Pilger zur Einkehr ein. Obendrein verbindet eine kleine Anekdote beide Orte.

Im Herzen von Ars-sur-Formans findet der Pilger die wuchtige Basilika und die Kirche des Heiligen.

Auf dem Weg zum Schutzpatron der Pfarrer

Wir hatten soeben die Autobahn hinter uns gelassen und fuhren Richtung Ars. Der Reisebus war voll besetzt mit jungen Leuten, deren Ziel Taizé war. Dort wollten sie eine Woche unter dem Motto »ora et labora« (bete und arbeite) verbringen. Eine Station auf ihrem Weg war der kleine Ort Ars. Ich hatte ihnen von dem großen Priester erzählt, der ein ganzes »gottverlassenes« Dorf nach der Französischen Revolution verändert und geistlich erneuert hatte. Ihn wollten wir an seinem gläsernen Schrein besuchen.

Das Interesse der jungen Menschen schien sich in Grenzen zu halten, dennoch ließen sie sich auf den Weg nach Ars ein. Stetig fuhr der Bus bergan, bis wir an einem Denkmal stoppten. Von weitem war ein Dörfchen zu sehen. War das schon Ars? Das Denkmal erinnerte an die Ankunft Johannes Maria Vianneys, der als neuer Pfarrer nach Ars gegangen war, sich aber tüchtig verlaufen hatte. Zum Glück traf er einen kleinen Jungen, der ihm den Weg wies. Der neue Pfarrer sagte zu ihm: »Du hast mir den Weg nach Ars gezeigt, ich werde Dir den Weg zum Himmel zeigen.« In Erinnerung an diese Geschichte standen wir vor dem Standbild und hielten inne. Auf ein Zeichen von mir fuhr der Bus los, ohne uns mitzunehmen – sehr zum Erstaunen der Jugendlichen. Jetzt mussten wir zu Fuß die letzten Kilometer nach Ars laufen. Ich teilte die Jugendlichen in Gruppen ein und gab ihnen Zettel mit auf den Weg. Darauf stand zu lesen: »Was heißt heilig sein? Will ich ein Heiliger werden? Muss ich dann den Kopf schief halten?« Die Jugendlichen griffen diese Fragen auf und diskutierten darüber auf dem Weg nach Ars-sur-Formans. Nach einigen Kilometern über Feldwege, vorbei an wogenden Getreideähren, Wiesen mit herrlichen Blumen und Kräutern, kam das Dorf langsam näher. Wir setzten uns an einem Ackerrand nieder und tauschten unsere Gesprächsergebnisse aus. So kamen wir mit vielen neuen Gedanken in unseren Köpfen nach Ars, in den Ort, der für Johannes Maria Vianney zur Heimat und zur Lebensaufgabe geworden war.

Bereits zu Zeiten des Heiligen gab es die ersten Fußwallfahrten nach Ars. Das Ziel war Pfarrer Vianney, der den Pilgern die Beichte abnahm. Heute wählen die meisten Wallfahrer die Anreise mit Bus und Pkw, oft als Abstecher auf ihrem Weg nach Lourdes, La Salette oder Burgund. Das Besondere an Ars, dem kleinen Ort im Département Ain mit seinen etwas mehr als 1000 Einwohnern 35 Kilometer nördlich von Lyon, ist seine Ursprünglichkeit und Einfachheit, auf die sich der Pilger, ob jung oder alt, schon während seiner Anreise freuen kann. In dem Dörfchen gibt es keinen Rummel und Andenkentourismus. Die Höhepunkte der Pilgerreisen sind ein Gottesdienst am Schrein des Heiligen sowie ein Besuch in der alten, kargen Kirche mit der Kanzel, dem Predigt- und Beichtstuhl des Heiligen. Es ist nicht die große Wallfahrt, die diesen Ort ausmacht, sondern die unspektakuläre Anreise, die Erinnerung an einen Menschen, der in seinem Leben etwas ganz Besonderes vollbracht hat, das auch heute noch die Pilger in den Bann schlägt. Es ist die stille, oft ganz persönliche Verbundenheit mit ursprünglichem Glauben, die man in Ars spüren kann.

Der heilige Pfarrer von Ars – der mit dem Teufel kämpfte

Das Leben und die Wirkungsstätte des Pfarrers faszinieren die Pilger. Die Brandspuren, die der Teufel in einem nächtlichen Kampf am Bett des Pfarrers gelegt haben soll, kann man heute noch sehen. Wer war dieser Mann, dem dies widerfuhr? Heute nennt man ihn »Patron aller Seelsorger«. Warum wurde er zum »Gefangenen des Beichtstuhls«? Die Zeiten, in denen Fußpilger nach Ars ziehen, sind weitgehend vorbei. Das war zu Lebzeiten des heiligen Pfarrers anders, der mit bürgerlichem Namen Johannes Maria Vianney oder Jean-Marie Baptiste Vianney hieß. Heute sind es in der Regel Busse, die mit Ziel Südfrankreich bei Villefranche kurz vor Lyon abbiegen und zu dem kleinen schmucken Dörfchen hinauffahren. Wer nicht am Denkmal aussteigt und den Rest des Wegs zu Fuß läuft, pilgert also mit dem Bus. Sobald die Autos rechts ins Dorf einbiegen, sehen die Wallfahrer die Kirche des Heiligen. Das stimmt nicht ganz, denn eigentlich sind es zwei Kirchen: Die große neue, moderne Basilika, die erst später errichtet wurde, und nahtlos davor ein altes Kirchlein mit einem klobigen Backsteinturm. Unschwer erkennt man, dass die neue Kirche an die alte anschließt. Aber den Bus- oder Autopilger interessiert gerade der kleine Bau aus dem 11. Jahrhundert. Das war die Wirkungsstätte des heiligen Pfarrers Vianney.

Johannes Maria Vianney wurde als Sohn einfacher Bauern am 8. Mai 1786 in Dardilly bei Lyon zur Zeit der Französischen Revolution geboren. Schon früh spürte er eine tiefe Liebe zum stillen Gebet. Das passte gar nicht zu den unruhigen Zeiten. Es thronte die »Göttin der Vernunft« auf den Altären, viele Priester wurden verhaftet, Klöster beschlagnahmt sowie religiöse Handlungen unter Strafe gestellt und verboten. Nur im Verborgenen und unter Lebensgefahr konnten sich die Gläubigen treffen, um die Sakramente von den wenigen treuen Priestern zu empfangen. So beichtete Johannes Maria erstmals in der heimatlichen Küche bei einem dieser Priester. Seine erste heilige Kommunion empfing er hinter verschlossenen Türen und Fenstern, während die Eltern eine Heuernte vortäuschten. Nach der Revolution entschloss er sich, selbst Priester zu werden. Aber das war leichter gesagt als getan. Mithilfe von Monsieur Balley, dem Pfarrer von Ecully, der ihm zum väterlichen Freund werden sollte,

ARS UND LA SALETTE

begann er seine Latein- und Theologiestudien. »Aqua – das Wasser, vinum – der Wein, scher Dich zum Teufel, verflixtes Latein«, das wird Johannes Maria Vianney vielleicht auch gedacht haben, denn mit dem Lateinlernen haperte es bei ihm gewaltig. Er konnte sich keine Vokabeln merken und fiel in sämtlichen Prüfungen durch. Es war fast zum Verzweifeln. Schließlich wurde er aus dem Priesterseminar mit dem Kommentar entlassen, »zu dumm für diesen Beruf« zu sein. Aber Vianney gab nicht auf, immer wieder probierte er es, immer wieder erhielt er das gleiche negative Ergebnis. Man machte sich über ihn lustig. Nur einer glaubte an ihn: Pfarrer Balley, der es schließlich schaffte, dass Bischof Simon den fast 30-Jährigen in Grenoble wohl mehr aus Gnade und Barmherzigkeit 1815 zum Priester weihte und ihn gleich wieder der Obhut seines Beschützers Abbé Balley anvertraute. Vianney war am Ziel seiner

Der Priester und Heilige beeindruckt die Menschen durch seinen festen Glauben.

Zunächst in einer Gruft beerdigt, ist der unverweste Leichnam des Pfarrers heute aufgebahrt zu sehen.

ARS UND LA SALETTE

Träume, so glaubte er. Denn mit seinem Freund an der Seite fühlte er sich sicher. Doch dieser starb nach drei Jahren und Johannes Maria Vianney stand allein da. Sein Bischof schickte ihn schließlich in das etwas heruntergekommene Dorf Ars. So kam er 1818 in das »gottlose« Dorf, in dem weitgehend religiöse Gleichgültigkeit herrschte. Mit Leidenschaft setzte sich Vianney für die Bewohner ein, verbrachte Tag und Nacht in der Kirche, um für sie vor dem Tabernakel zu beten. Dann hatte er eine Idee. Er schrieb die Namen aller Dorfbewohner auf einen Zettel, ließ vom Schmied ein feuerverzinktes aufklappbares Herz anfertigen, legte die Namen hinein und hängte es der Muttergottesstatue in seiner Kirche um den Hals. Noch heute ist es in der rechten ersten Seitenkapelle zu sehen und für alle Pilger ein sichtbares Zeichen unerschütterlichen Glaubens. Die Leute im Dorf spürten, dass dieser asketische Priester es wirklich ernst meinte, und so fand er einen Weg zu ihren Herzen. Oft saß Vianney fast den ganzen Tag und die halbe Nacht im Beichtstuhl. Er nahm den Männern in der Sakristei, den Frauen in der Johannes-Seitenkapelle die Beichte ab. Bald standen die Menschen oft stundenlang in der Warteschlange, um bei ihm beichten zu dürfen. Er hörte geduldig zu, machte Mut, riet zu einem Neuanfang oder sagte ihnen auch Fehler und Sünden direkt auf den Kopf zu. Das sprach sich herum, und von weit her kamen bald die Menschen, um bei ihm das Sakrament der Versöhnung zu empfangen. Sogar Bischöfe waren dabei. Schon vor dem Morgengrauen und bis spät in die Nacht saß Vianney in seinem Beichtstuhl. Allen sagte er die Liebe Gottes und dessen große Barmherzigkeit zu. So wurde er, der eigentlich für den Priesterberuf für »zu dumm« gehalten worden war, zum »Gefangenen des Beichtstuhls« und »Patron der Seelsorger«.

Die Kirche in Ars ist das Ziel vieler Pilger.

Zu Maria hatte der heilige Pfarrer von Ars ein besonderes Verhältnis. Sie war seine erste Liebe. Er sagte über sie: »Ich habe sie schon geliebt, bevor ich sie kannte.« Dar-

20

ARS UND LA SALETTE

um ließ er am Eingangsgiebel zu seiner Kirche eine Marienstatue anbringen, die jeden Besucher ansieht und willkommen heißt. Ein Jahr vor seinem Tod hörte er die Botschaft von Lourdes und glaubte daran. Zwölf Jahre zuvor fand die Erscheinung von La Salette, der »weinenden Mutter«, statt. Als er über die Echtheit dieser Erscheinung zu zweifeln begann, schloss er mit ihr einen »Vertrag«: Er brauchte Geld. Nicht für sich, sondern um für andere den Pachtzins am Martinsfest bezahlen zu können. Aber er stand mit leeren Händen da. So bat er um ein Zeichen: Wenn die Erscheinung von La Salette echt sei, dann solle doch der Himmel einspringen und die nötigen 750 Francs spendieren. Aber nichts passierte an diesem 11. November, bis er abends mutlos in seinem Zimmer die Korrespondenz las und einen Briefumschlag fand. Darauf war zu lesen »La Salette«. Beim Öffnen fielen ihm exakt 750 Francs in die Hände!

Nicht nur für die Pilger, die sich zu ihm aufmachen, ist Vianney ein Visionär, Heiliger, Beichtvater und glühender Marienverehrer. Eine Botschaft des Heiligen, der im Alter von 73 Jahren verstarb, wird Wallfahrern gern mit auf den Weg gegeben: »Sucht die Freundschaft Gottes und ihr werdet euer Glück finden.«

La Salette – pilgern in den Bergen

Jeder Pilger hat seine ganz persönlichen Lieblingswege und Wallfahrtsstätten, an denen er sich zu Hause fühlt. Für manche ist es neben dem Jakobsweg und Jerusalem der eher unbekannte Wallfahrtsort La Salette. Er liegt hoch oben auf fast 2000 m Höhe in den französischen Alpen, nicht weit vom Wintersportort Grenoble entfernt. Auf dem Weg nach Lourdes machen einige Veranstalter von Pilgerreisen hier Station. Die Einsamkeit des Wallfahrtsorts in den Savoyer Alpen packt den Pilger und lässt ihn nicht wieder los. Dort oben ist man gefangen von der atemberaubenden Schönheit der Hochgebirgslandschaft, wo 1846 Maria den Hirtenkindern Melanie und Maximin als »weinende Mutter« erschienen ist. Die Gottesmutter rief durch die Kinder zur Umkehr und Buße auf. Sie mahnte, den Sonntag zu heiligen und den Namen ihres Sohns in Ehren zu halten.

Jährlich kommen etwa 250 000 Pilger nach La Salette. In Serpentinen schlängelt sich die Straße bis zum Heiligtum, das nur aus der Erscheinungsstelle, der Basilika und dem Pilgerhaus besteht. Fußwallfahrten gibt es nicht, auf den Berg kommt man nur mit Bus oder Pkw. Zu jeder Jahreszeit, bei Sonne, Nebel oder Schnee, weist schon dieser Weg seine besonderen Reize auf. In den 50er-Jahren konnte die enge, kurvenreiche Straße nur mit Kettenfahrzeu-

ARS UND LA SALETTE

Pilgergruppe beim Gebet, hoch über den Bergen bei La Salette

gen bewältigt werden. Heute geht es leichter. Auffallend viele junge Leute sieht man auf dem heiligen Berg. Alle Pilger werden betreut von den Salettiner-Patres, einer Ordensgemeinschaft, deren Gründung und Spiritualität auf die Ereignisse vom September 1846 zurückzuführen sind. Der Berg ist für den Pilger eine Einladung zur Stille, zur Besinnung, zum Atemholen. Hier gibt es nur Einsamkeit und Ruhe – und viele Wege: der Gang zum Kreuz auf dem Hügel, der Rundweg um den Berg, die Pfade, die die Hirten mit ihren Herden gehen. An diesen Stellen klingt der Psalm 23 »Der Herr ist mein Hirte« völlig neu. Hier, über der Baumgrenze, weitet die klare Bergluft die Lungen und das Herz. Man riecht würzige Bergkräuter und lässt den Blick ins Tal schweifen. Nebelschwaden nehmen an manchen Tagen die Sicht und lassen alles düster erscheinen – wie im alltäglichen Leben. Ab und zu bricht ein Sonnenstrahl durch – eben auch wie im ganz normalen Leben. Berge sind Orte der besonderen Nähe zu Gott. Das gilt nicht nur für die berühmten Berge wie den Sinai, den Berg Tabor, den Berg der Selig-

ARS UND LA SALETTE

preisungen bis hin zum Berg Golgotha. Die Ruhe und Einsamkeit, die auch La Salette ausstrahlt, lädt ein zu Gesprächen und Gottesdiensten, sowohl in freier Natur als auch in der neu gebauten Kapelle mit herrlichem Blick über die Berge. Wenn nur wenige Menschen dort oben sind, gestalte ich mit meiner Gruppe oft eine eigene Lichterprozession an der Erscheinungsstelle, um zu meditieren, den Rosenkranz zu beten oder auch nur bei Kerzenschein zu schweigen. Auch an anderen Stellen unterstützt die faszinierende Landschaft die Suche nach Gott, u.a. auf dem Kreuzweg am Fuße des Hügels. Der herrliche Blick ins Tal lässt die Gedanken fließen. In der Talmulde finden Pilger die Erscheinung als lebensgroße Bronzefigur. Hier kann man in Stille beten und meditieren, Wasser aus der Quelle schöpfen und sich fallen lassen. Hinter der Basilika im romanisch-byzantinischen Stil steht das Kreuz mit den Insignien von La Salette. Am Querbalken sind Hammer, Zange und Ketten zu sehen – die Werkzeuge, mit denen Jesus gequält wurde. 800 Pilger finden in der Kirche Platz. Zentrum dieses massiven doppeltürmigen Baus ist das große Gemälde in der Apsis: Christus, der Weltenherrscher, der Pantokrator. Der Regenbogen steht als Zeichen der Versöhnung, des immer neuen Bundes zwischen Gott und den Menschen.

INFORMATIONEN FÜR DEN PILGER

Ars-sur-Formans
Kleiner Wallfahrtsort in Frankreich, nördlich von Lyon; Wirkungsstätte des heiligen Vianney

Sehenswürdigkeiten
- Leichnam von Pfarrer Vianney im gläsernen Schrein, rechts in der neuen Basilika
- Alter Beichtstuhl in der Sakristei und Beichtstola des Heiligen
- Erste Seitenkapelle mit dem silbernen Namensherz
- Alte Kanzel
- Pfarrhaus mit Wohnung
- Herzkapelle, in der das Herz des Heiligen ruht
- Denkmal der Begegnung mit dem Jungen

- Kapelle der Providence
- Unterirdische Kirche
- Neues Priesterseminar

Weitere Informationen
www.arsnet.org

La Salette
Beschaulicher Pilgerort in Frankreich in der Nähe von Grenoble; Marienerscheinung

Sehenswürdigkeiten
- Kreuzweg
- Basilika
- Erscheinungsstelle

ASSISI

AUS EINEM LEBENSWEG WIRD EIN PILGERWEG

Assisi, Anfang des 13. Jahrhunderts: Der reiche Kaufmann Pietro Bernadone verlangt den Bischof zu sprechen, um ihn über seinen Sohn Franziskus richten zu lassen. Der Nichtsnutz solle dem elterlichen Erbe entsagen und alles zurückgeben, was er noch bei sich trägt. Bitterlich beklagt sich der Vater, während Franziskus damit beginnt, sich zu entkleiden. Er nimmt seine Kleidungsstücke, geht nackt auf den Vater zu und spricht: »Von heute an nenne ich dich nicht mehr Vater, weil mein Vater der ewige Vater im Himmel ist. Ich kann nun ehrlichen und frohen Herzens sagen: Vater unser im Himmel. Bei ihm hinterlege ich meinen Reichtum, den Glauben. Auf ihn setze ich all meine Hoffnung und nicht mehr auf das Geld eines Kaufmanns. Ich bin wieder neugeboren und nackt auf diese Welt gekommen.« Ergriffen von einem solch tiefen Glauben geht der Bischof auf Franziskus zu, nimmt ihn – als Vertreter der Kirche – in die Arme und bedeckt seine Blöße mit dem Mantel.

Die eigentliche Berufungsphase, das Suchen nach dem Anfang des Weges zu Gott, endet für den heiligen Franziskus mit der Abkehr von allem, was in der Welt als erstrebenswert gilt. Nach einem der Fresken des Giotto in der Oberkirche von San Francesco in Assisi hat sich diese Szene auf dem Platz vor dem Minervatempel, der heutigen Piazza del Comune, ereignet. Damals wie heute ist er der zentrale Ort von Assisi. Damals der Umschlagplatz für Waren, Nachrichten und Gerüchte. Heute zentraler Treffpunkt für die Pilger- und Reisegruppen aus aller Welt, die zumeist mit Bahn, Bus oder Pkw anreisen. Es gibt auch noch Pilger, die allein oder in einer Gruppe zu Fuß zur Wirkungsstätte des heiligen Franziskus pilgern, nicht nur aus nahe gelegenen Städten, sondern auch aus dem fernen Deutschland und Österreich. In unserer Zeit wird jedoch meist die bequemere Anreise mit Bahn, Bus oder Pkw gewählt, zumal für viele Pilger Assisi eine Zwischenstation ist, Anfang- oder Endpunkt einer Rom-Pilgerreise. Assisi ist aber für den, der sich auf diese Stadt am Berg einlässt, eine Lebens- und Glaubenserfahrung, wie man sie in kaum einer anderen Stadt erfahren kann. Nirgendwo wird der Weg eines Heiligen greifbarer als in der Stadt des heiligen Franziskus, in Assisi. Diese Erfahrung kann man zwar auf der Durchreise erahnen, spüren kann der Pilger sie nur, wenn er sich einlässt auf den Geist des »Poverello«, des kleinen heiligen Franziskus. Vom zentralen Marktplatz beginnen wir unseren Weg auf den Spuren des Heiligen.

Rocca Maggiore – vom Kaiser erbaut

Der erste Weg in Assisi sollte den Pilger von der Piazza del Comune zur großen Burg, der Rocca Maggiore führen. Über Treppen und steile Gassen gelangt man nach oben, der Ausblick entschädigt für den anstrengenden Aufstieg. Weit kann man von hier über Assisi und das Valle Umbra mit der Kirche Santa Maria degli Angeli und über Rivotorto sehen. Wer die Mühe nicht scheut und auf den achteckigen Wehrturm steigt, den Wind hier oben pfeifen hört, den Blick schweifen lässt, bekommt einen Eindruck, warum der heilige Franziskus seine Heimat so inbrünstig geliebt hat. Kaiser Barbarossa soll diese mächtige Burg im 11. Jahrhundert über Assisi erbaut haben. Sein Enkel Friedrich II. hat hier seine ersten Lebensjahre verbracht. Die Rocca Maggiore verbindet einen Teil der Stadtmauer mit der Rocca Minore.

Blick auf die Kirche San Francesco in Assisi und die wunderschöne Landschaft Umbriens

Chiesa Nuova – Geburtshaus oder im »Stall geboren«?

Zurückgekehrt auf der Piazza del Comune, führt der Weg am Palazzo dei Priori vorbei zum »Wohnhaus« der Familie Bernadone. Auf dem kleinen Platz vor dem barocken Kirchlein steht ein Denkmal der Eltern des Heiligen. Die Mutter Pica hält eine zerrissene Kette in der Hand. Diese deutet darauf hin, dass es die Mutter war, die den Sohn immer wieder aus dem Zimmer gelassen hat, wenn der Vater ihn aus Wut über seine Lebensweise eingesperrt hatte. Der Vater Pietro Bernadone hat sich aus eigener Kraft zum reichsten Tuchhändler Assisis hochgearbeitet und weit über die Stadt- sowie Landesgrenzen hinaus Geschäfte gemacht. Die Bernadones waren reicher als viele andere im Dorf und so konnte der Sohn zunächst einmal von Beruf nur Sohn sein. Im Geschäft musste er zwar helfen, aber oft genug schlief er am Morgen zunächst den Rausch der Nacht aus. Viel Geld gab er nachts mit seinen Freunden aus, die gern mit ihm unterwegs waren, denn nicht selten war er es, der die Zeche zahlte. Diese Verschwendung nahm der Vater zähneknirschend hin. Er stattete Franziskus auch reich mit Waffenrock, Waffen und Pferd aus, als es 1202 zum Krieg zwischen Assisi und Perugia kam. Nur kurz war der Sohn Ritter in diesem Krieg, denn das kleine Häuflein Krieger aus Assisi traf am Tiber auf einen überlegenen Gegner. Seine reiche Ausstattung rettete Franziskus das Leben: Er wurde eingesperrt und erst gegen ein Lösegeld des Vaters wieder freigelassen. 1203 kam er zurück nach Assisi, stiller zwar, aber sein Leben als Liebling der jüngeren Gesellschaft nahm er bald wieder auf.

Bevor der Pilger in Assisi die Kirche betritt, sollte er noch die Chiesa Nuova links liegen lassen und die wenigen Schritte bis San Francesco Piccolino gehen. Hier soll der Stall gewesen sein, in dem Franziskus geboren wurde. Der Andachtsraum selber bietet höchstens 15 Menschen Platz, am Kopfende sieht man die Darstellung der Geburt Christi. Kreuz und Ikone vervollständigen das Bild. Der »alter christus« wurde, wie Christus, in einer ärmlichen Umgebung geboren. In der Chiesa Nuova müssen die Augen sich erst an das Halbdunkel gewöhnen. Wie in allen Kirchen Assisis findet man auch hier fast zu jeder Tageszeit betende und meditierende Gläubige. Links vor der Apsis führt der Weg hinab in die Überreste des Wohnhauses, denn die Kirche wurde auf diesem Fundament erbaut. An der Wand ist eine Tür zu sehen, die ursprünglich den »Kerker« des Sohnes verschloss. Die Treppe führt hinab in ein kleines Oratorium. 1203/04 schloss Franziskus sich dem Grafen Gentile an, der aufbrach, um gemeinsam mit Walther de Brienne gegen den deutschen Kaiser Otto zu kämpfen. Wiederum stattete ihn sein Vater als Ritter aus, noch kostspieliger wurde die Ausrüstung, die den Wert eines ganzen Landguts samt Arbeiter hatte. Damit der Sohn den adligen Rittern in nichts nachstand, war dem Vater dieser Preis aber nicht zu hoch. Als Franziskus sich in der Nähe von Spoleto dem Heer Ottos gegenübersah, wurde er wohl an die Niederlage am Tiber erinnert. Ohne den Kampf abzuwarten, ritt er wieder zurück. Die Legende erzählt, dass eine Stimme ihn im Traum zur Rückkehr gemahnt hatte. Auf dem Rückweg traf er auf einen verarmten Ritter, der spätere Mitbruder Angelo Tancredi, mit dem er kurzerhand die Ausrüstung und auch die Kleider tauschte. Als Armer und in sich gekehrt ritt er in Assisi ein. Ein Denkmal vor San Francesco erinnert heute den Pilger an diese Begebenheit. Franziskus wurde in der Stadt als Feigling und Deserteur beschimpft. Der Sohn von Pica und Pietro Bernadone hatte sich verändert, zog durch die Umgebung von Assisi und mied all das, was er zuvor so geliebt hatte. Bei einem dieser Ausflüge traf er einen Leprakranken, der ihn um etwas Geld bat. In Gedanken versunken war er wohl zu nahe an das Haus der Kranken gekommen. Normalerweise mied man den Weg dorthin, denn die Bewohner Assisis hatten Angst vor Ansteckung. Erschrocken vom Anblick des Kranken warf ihm Franziskus ein Goldstück vor die Füße. Dieser ergriff die Hand seines Wohltäters und küsste sie. Zuerst wollte der Heilige voller Panik die Flucht ergreifen, besann sich aber dann und umarmte den Mann. Er schien zu fühlen, was Christus mit der Liebe zu den Armen meinte und rannte voller Glück nach Hause, nahm Geld aus der Schatztruhe seines Vaters, lief eilig zu dem Haus der Leprakranken zurück, verschenkte Goldmünzen und küsste jedem die Hand.

Duomo San Rufino – Taufkirche und Bischofskirche der Stadt

Über die Via San Rufino gelangt der Pilger zu der Bischofskirche San Rufino. Die Fassade ziert eine der schönsten filigranen Fensterrosen der Romanik in Umbrien. An der Nordwestseite des Turms stand wohl das Elternhaus der heiligen Klara. Im Innenraum kann man rechts vom Eingang den Taufbrunnen sehen, an dem Franziskus und die heilige Klara getauft wurden. Eine Legende erzählt, dass die Mutter Franziskus erst den Namen Johannes gab. Als der Vater von einer Reise aus Frankreich zurückkam, ließ er ihn auf den Namen »Francesco« umtaufen: der Franzose. Es wird auch berichtet, dass die Mutter ihm in Erinnerung an ihr Geburtsland diesen Namen gab. Sie rief ihn immer wieder »Francescolino«, Französlein.

San Damiano – ein Kreuz spricht

In Assisi bekommt der Pilger rasch ein Gefühl für den wunderschönen Ort und die einzigartige Atmosphäre. Auf und ab wie das Leben, so winden sich die Straßen und Gassen in Assisi. Von San Rufino geht es die Via Dono Doni hinab auf die Via Sermei direkt auf Santa

ASSISI

Chiara zu. An Santa Chiara vorbei auf der Via Borgo Aretino verlassen Pilger Assisi durch das Stadttor Porta Nuova. Vom Parkplatz aus ist San Damiano ausgeschildert, etwa einen Kilometer führt der Weg stetig bergab zu dem Kloster mit seiner Kirche. Wenn man nach San Damiano kommt, weist schon ein Schild auf besondere Verhaltensregeln hin: Man betritt jetzt die »Zona Sacra«, die heilige Zone. Die Bekleidung sollte entsprechend sein: keine zu kurzen Röcke oder Hosen, keine bauchfreie Kleidung, bedeckte Schultern. Man sollte leise sprechen. Wie oft mag Franziskus an der kleinen verfallenen Kirche bei seinen einsamen Wanderungen vorbeigekommen sein? An einem Tag aber war es anders: Er ging hinein und kniete sich vor dem Kreuz nieder. Tief ins Gebet versunken, vielleicht auf der Suche nach Antworten, nach sich selbst oder nach seiner Aufgabe in und für diese Welt, betete er. Da hörte er eine Stimme, die zu ihm sagte: »Franziskus, geh hin und baue mein Haus wieder auf, das, wie du siehst, ganz zerfällt.« Voller Verwunderung blickte er sich um, aber er war allein mit seinem Gott. So begann der Poverello das Kirchlein wieder aufzubauen. Später erst verstand er, was Christus eigentlich von ihm wollte. Der Sinn der Worte erschloss sich ihm später, wie er seinen Mitbrüdern erzählte. Der Herr meinte die Kirche, die er mit seinem Blut am Kreuz erworben hatte.

Betritt man das Kirchlein, so fühlt man sich zurückversetzt in die Zeit des heiligen Franziskus. Schwarz sind die steinernen Wände in den vielen Jahrhunderten geworden. Über dem Altar sieht man eine Kopie der Kreuzesikone, welche zu Franziskus gesprochen hat. Vor dem Altar rechts geht es durch eine schmale Tür weiter durch das Kloster der heiligen Klara. Von Klara sagt man, dass sie schon früh Franziskus bewundert habe. Als er sich mit seinen Gefährten an und in der Porziuncola einrichtete, wollte auch sie so leben wie er. Ihr Vater, Favarone di Offreduccio, war jedoch dagegen. Bischof Guido überreichte ihr im Dom San Rufino Palmsonntag 1212, als 18-Jährige, einen Palmenzweig. Die Legende erzählt, dass er bereits unterrichtet war, dass sie in der folgenden Nacht zu Franziskus gehen und ihm ganz nachfolgen wollte. Begleitet von ihrer Amme stahl sich Klara aus dem Elternhaus und lief hinunter zu Franziskus und den Brüdern. Diese erwarteten sie bereits mit Fackeln in den Händen am Waldrand und begleiteten sie unter Liedern und Gesängen in das Kirchlein. Klara legte ihre kostbaren Gewänder sowie den Schmuck ab und kleidete sich in eine grobe Tunika, ihren Kopf bedeckte sie, nachdem der Heilige ihr die Haare abgeschnitten hatte, mit einem schwarzen Schleier. Sie legte die drei Gelübde ab: Armut, Keuschheit und Gehorsam. Damit ging sie den Weg des heiligen Franziskus, dem sie Gehorsam versprach. Der Orden der Klarissen war geboren.

■ ■ ■ ASSISI ■ ■ ■

In der Folgezeit wollten sich immer mehr Frauen der heiligen Klara anschließen, sodass Franziskus sich entschloss, sie innerhalb von San Damiano anzusiedeln. Im sogenannten Dormitorium ist die linke Ecke gegenüber den Fenstern besonders geschmückt. Hier hatte die heilige Klara ihr Krankenlager, hier verstarb sie am 11. August 1253. Der Platz ist abgetrennt durch ein Seil, darüber hängt ein Kreuz. Eine Kerze auf einem Ständer und ein Bild erinnern daran, dass hier die erste Obere der Klarissen starb. Blickt man aus dem Fenster dieses Raums, sieht man den wunderschönen Garten mit dem Kreuzgang, in dessen Mitte ein Ziehbrunnen steht. Der Kreuzgang ist geschmückt mit verschiedenen Reliefs, unter anderem sehen die Pilger, wie Franziskus und seine Brüder San Damiano wieder aufbauen. Im Refektorium schildern die Fresken, wie das Kreuz zu Franziskus gesprochen hat und erzählen das sogenannte Brotwunder: Als Papst Gregor IX. zu Besuch bei den Schwestern war, segnete die heilige Klara die Brote für die gemeinsame Mahlzeit. Daraufhin sollen kleine Kreuze über den Broten zu sehen gewesen sein.

SONNENGESANG

»Du höchster, allmächtiger, guter Herr,
Dein sind das Lob und der Ruhm und die Ehre und aller Segen.
Dir allein, Du Höchster, gebühren sie,
und kein Mensch ist würdig, Deinen Namen zu nennen.
Gelobt seist Du, mein Herr, mit all Deinen Geschöpfen,
Schwester Sonne besonders, die den Tag macht und durch die Du uns erleuchtest.
Schön ist sie und strahlend mit großem Glanz, ein Bild von Dir, Du Höchster.
Gelobt seist Du, mein Herr durch Bruder Mond und die Sterne;
am Himmel hast Du sie gebildet, klar und kostbar und schön.
Gelobt seist Du, mein Herr, durch Bruder Wind, durch Luft und Wolken,
durch den heiteren Himmel und jegliches Wetter,
durch das Du Deinen Geschöpfen den Unterhalt gibst.
Gelobt seist Du, mein Herr, durch Schwester Wasser,
die sehr nützlich und demütig ist und kostbar und rein.

Gelobt seist Du, mein Herr, durch unseren Bruder, das Feuer, durch das Du uns erleuchtest die Nacht.
Schön ist es und fröhlich und kraftvoll und stark.
Gelobt seist Du, mein Herr, durch unsere Schwester Mutter Erde,
die uns trägt und ernährt und vielfältige Früchte hervorbringt und bunte Blumen und Kräuter.
Gelobt seist Du, mein Herr,
durch jene, die verzeihen um Deiner Liebe willen und Krankheit leiden und Not.
Selig, die ausharren in Frieden, denn von Dir, Du Höchster, werden sie einst gekrönt.
Gelobt seist Du, mein Herr,
für unseren Bruder, den leiblichen Tod, dem kein lebender Mensch entrinnen kann.
Weh denen, die sterben in schwerer Sünde;
selig jene, die erfunden sind in Deinem heiligen Willen,
denn der zweite Tod wird ihnen nichts Böses antun.
Lobet und preist meinen Herrn und dankt und dient ihm mit großer Demut.«

San Damiano ist wahrscheinlich der Ort, an dem Franziskus 1224/25 seinen berühmten Sonnengesang, »Il Cantico di Frate sole«, geschrieben hat. Aufgrund seiner Wortwahl, seiner dichterischen Gestalt und seines Inhalts gehört dieser Lobpreis der Schöpfung zur Weltliteratur. Die Strophe über den Frieden, so wird erzählt, hat der Heilige verfasst, um einen Streit zwischen dem Bürgermeister und dem Bischof in Assisi zu schlichten.

Santa Chiara – Ort des »sprechenden Kreuzes« und Grabmal der heiligen Klara

Hinauf nach Assisi führt der Weg wieder zurück über den Parkplatz durch die Porta Nuova zur Kirche der Klarissen Santa Chiara. Von außen beeindrucken die weiten Strebepfeiler der Kirche, die 1265 geweiht wurde. Auch hier ist, wie in San Rufino, eine wunderschöne Rosette über dem Portal zu sehen. Der einschiffige Innenraum ist eine Kopie der Oberkirche von San Francesco, im rechten Querschiff findet man das älteste Bild der heiligen Klara. Es ist wohl zu Lebzeiten der Heiligen gemalt worden. Geht man vom Eingang der Kirche sofort rechts in die Kapelle, findet man das »sprechende Kreuz von San Damiano«. Im 12. Jahrhundert wurde diese Kreuzesikone wahrscheinlich auf eine grobe Leinwand gemalt und dann auf das Nussbaumholz aufgezogen. Alle Figuren haben dem Betrachter etwas zu sagen. Die Ikone spricht in jedem Detail den gläubigen Pilger an. Christus selber steht als Sieger am Kreuz, die geöffneten Augen deuten auf die Auferstehung. Wer sich Zeit nimmt und diesen Christus betrachtet, der spürt, wie die Augen den Betrachter ansehen. Das Kreuz zieht den Gläubigen in den Bann. Es regt zu einem besonderen Gespräch an, das Christen Gebet nennen. Verlässt man die Capella del Crocefisso und geht hinab in die Krypta, so erblickt man den gläsernen Sarg mit der heiligen Klara. In der einen Hand hält sie eine weiße Lilie zum Zeichen der Reinheit, in der anderen die Ordensregel.

Von Santa Chiara in die Einsamkeit – die Eremo delle Carceri

Wer dem Rummel um den heiligen Franziskus entfliehen möchte und gut zu Fuß ist, sollte den Weg hinauf in die Einsiedelei – Eremo delle Carceri – nicht scheuen. Wer Assisi durch die Porta Cappuccini verlässt, sieht sofort das Hinweisschild zu diesem Ort. Etwa vier Kilometer geht es stetig in Serpentinen hinauf. Reisebussen ist die Durchfahrt verboten, Pkw aber nicht. Wer die Chance nutzt und sich zu Fuß auf den Weg macht, dabei in dieser herrlichen Landschaft über den Sonnengesang meditiert, der bekommt eine Ahnung davon, wie Franziskus mit seinen Brüdern den Weg in die Einsamkeit und Kontemplation gegangen ist. Der erfahrene Wanderer kann auch den Weg durch den Wald gehen, der direkt hinter dem Tor links hinaufführt. Viele Wurzeln und Steine erschweren allerdings den Aufstieg. Zurück geht es auf

ASSISSI

dem gleichen Weg oder man nimmt sich mit anderen Pilgern an der Einsiedelei ein Taxi nach Assisi. Am Eingang der Einsiedelei auf dem Weg zu den Gebäuden steht ein Denkmal des Heiligen. In die Weite schauend steht Franziskus innerhalb eines Strahlenkranzes mit den Symbolen der Weltreligionen: der Davidstern für das Judentum, der Halbmond mit dem Stern für den Islam, das Kreuz für das Christentum, das Rad für den Buddhismus, das OM für den Hinduismus. Franziskus war der Erste, der einen Dialog mit einer anderen Religion begann. Er wollte nicht mit Gewalt bekehren oder gar die töten, die den Glauben der Kirche nicht annahmen, sondern er überzeugte durch sein Leben und seinen Glauben.

1219 brach er mit den Kreuzfahrern zum fünften Kreuzzug auf, um das Evangelium auch im Orient zu verbreiten. Franziskus, der mit zwölf Gefährten in das Land der Sarazenen reiste, wurden gefangen genommen,

Der heilige Franziskus umgeben vom Strahlenkranz mit den Symbolen der Weltreligionen

gefesselt und vor den Sultan Melek-al-Kamil geführt. Vom Heiligen Geist geleitet predigte er so vollkommen vom Glauben an die Heilige Dreieinigkeit und betonte, dass er dafür sogar durch das Feuer gehen würde. Der Sultan war beeindruckt von der Glaubensfestigkeit des Poverello. Und er bewunderte ihn wegen seiner Weltverachtung, denn obwohl er bettelarm war, nahm er keine Geschenke an. Der Sultan stellte ihm einen Freibrief aus, der ihn gegen Angriffe schützen sollte. Gleichzeitig erlaubte er ihm und seinen Gefährten, in dem Land der Sarazenen zu predigen. Jeweils zu zweit sandte Franziskus seine Gefährten aus, wie Christus es schon mit seinen Jüngern getan hatte, um den Glauben zu verkünden. Als er merkte, dass sie nur wenig Erfolg mit ihren Predigten hatten, beschloss der Heilige aufgrund einer göttlichen Eingebung, in die Heimat zurückzukehren. Beim Abschied sagte der Sultan zu ihm: »Gern würde ich mich zu deinem Glauben bekehren, aber ich habe Angst, dass ich und die Meinen umgebracht werden.« Franziskus versprach, ihm zwei seiner Brüder nach seinem eigenen Tod zu schicken, damit sie ihn im Glauben unterweisen könnten. Nachdem Franziskus gestorben war, wurde der Sultan sterbenskrank. Zwei Mitbrüder machten sich unverzüglich auf den Weg – Franziskus war ihnen im Traum erschienen. Wachen brachten die beiden zum Sultan, den sie im Glauben unterwiesen und tauften. Sicherlich ist die Geschichte vom Sultan Melek-al-Kamil eine Legende, aber sie fordert doch die Kirche zu einem ehrlichen und offenen Dialog heraus. Dies hat Papst Johannes Paul II. aufgegriffen. 1986 lud er alle Religionen und deren Führer zum ersten Friedensgebet nach Assisi ein – gegen viel Widerstand in der eigenen Kirche.

Nach einem kurzen Weg kommt der Pilger zu einem kleinen Kloster. Der heilige Franziskus bekam den Ort und das kleine Kirchlein von den Mönchen vom Monte Subasio geschenkt. Die kleine Marienkapelle ist bis heute erhalten. Sie ist die kleinste Kirche der Welt. Es gab zur Zeit des Heiligen neben der Kirche nur noch einige Höhlen, die in den Berg gehauen worden waren. Franziskus zog sich gern hierher zurück, um im Glauben Kraft für seine Aufgaben zu sammeln. Zu sehen sind der Schlafplatz des Heiligen – ein länglicher Stein auf dem Boden –, das alte Refektorium und das Dormitorium mit winzigen Zellen. Durch niedrige und enge Türen geht der Pilger von einem Raum zum nächsten: Schon die Körperhaltung drückt Demut gegenüber Gott, dem Ort und dem Heiligen aus. Weiße Tauben nisten an dem Kloster. Über eine Steinbrücke, die einen ausgetrockneten Flussarm überspannt, geht man weiter in die Stille. Der Legende nach ließ der heilige Franziskus diesen Fluss austrocknen, damit er mehr Ruhe beim Gebet habe. Links vom Weg zeigt ein Denkmal Franziskus und ein Kind, das ihm einen Korb mit Lebensmitteln bringt. Wer sich an diesem Ort auf die Stille einlässt, spürt den Herzschlag der Natur. Hier ist man dem Heiligen und seinem Sonnengesang, dem Lobgesang der Natur, näher als es irgendwo sonst auf den Spuren des heiligen Franziskus möglich wäre.

Santa Maria degli Angeli – Kapelle in einer Basilika

Hinab nach Santa Maria degli Angeli fährt man am besten mit dem Bus. Die Haltestellen befinden sich unterhalb der Basilika am Rande des Parkplatzes oder auf der Piazza Matteotti an der Porta Cappuccini. Die Vorstadt von Assisi kennt der Bahnreisende schon, denn hier liegt der Bahnhof von Assisi. Reisebusse und Pkw sorgen für eine hohe Geräuschkulisse. Direkt an der Basilika Santa Maria degli Angeli hält der Bus und über den riesigen Platz, der an den Wald erinnern soll, der zu den Zeiten von Franziskus hier stand, sieht man die beein-

ASSISI

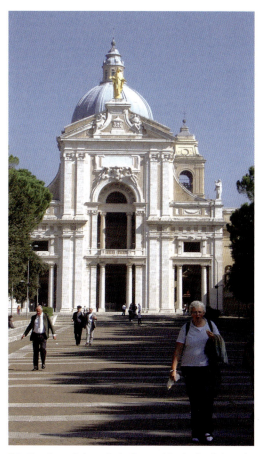

Die Porziunculakapelle in Santa Maria degli Angeli ist ein zentraler Anlaufpunkt für die Pilger.

druckende Fassade der Basilika. Diese Kirche gehört zu den zehn größten der Welt. Begonnen 1569, wurde der Bau erst im Jahr 1928 mit der Fertigstellung der riesigen Vorhalle beendet.

Viele Kirchen glänzen durch die Ausschmückung des Innenraums, hier aber bildet die Porziunculakapelle den Mittelpunkt. Klein steht sie unter der riesigen Kuppel der Basilika. Bei beiden großen Erdbeben von Assisi stürzte die riesige Kuppel ein, aber die kleine Kapelle blieb im Wesentlichen verschont. Zufall? Der Pilger befindet sich hier an der Wiege der franziskanischen Bewegung. In der Kapelle hörte Franziskus 1209 das Evangelium von der Aussendung der Jünger durch Jesus. Darin erkannte er seine Berufung: Verkündigung, Einfachheit und Demut dem Herrn gegenüber. Hier nahm er die ersten Brüder in die Gemeinschaft auf, hier wurde die heilige Klara aufgenommen. Hierher kam er, um zu beten und zu meditieren, aber auch um zu sterben. In der Porziunculakapelle selber zu knien ist ein Erlebnis, hier wissen sich die Pilger dem heiligen Franziskus besonders nahe. Der Pilger kann an diesem Ort den »Porziunculaablass« erlangen, auf den das Fassadenfresko hinweist. Rechts von der Kapelle sieht man den Ort des leiblichen Todes von Franziskus, die Capella del Transito. Hier umstanden die Brüder den sterbenden »Vater«, der sie segnete und der Liebe Gottes empfahl. Immer wieder sangen sie den »Lobreis der Kreaturen« und Franziskus fügte die Strophe über Bruder Tod hinzu. Kurz bevor er starb, zitierte er den Psalm 141: »Mit meiner Stimme rufe ich zum Herrn, mit meiner Stimme flehe ich zum Herrn.«

33

Weiter führt der Weg des Pilgers durch das Kloster, vorbei an der Franziskusstatue, die in den Händen Turteltauben hält. Sie erinnern daran, dass der Heilige die Vögel einem Jungen abkaufte, um ihnen die Freiheit zu schenken. Sie aber blieben bei ihm und er baute ihnen ein Nest. Vorbei geht es an dem Garten, in dem die Rosen ohne Dornen stehen, die sie verloren, als der Heilige sich darin wälzte, als ihn die Lust überkam.

San Francesco – Zielpunkt der Pilgerreise

Ob der Pilger die Piazza del Comune über die Via portica oder die Via San Paolo verlässt, ist für das letzte Ziel in Assisi egal, beide Straßen führen an vielen Souvenirshops vorbei nach San Francesco mit der Ober- und Unterkirche. Hat man all diese Läden hinter sich gelassen, steht man vor der Kirche und dem Kloster der Franziskaner: San Francesco. Von der Stadt kommend befindet sich der Pilger zuerst vor der großen Rasenfläche, San Francesco mit seiner Oberkirche liegt dahinter, mit dem Denkmal, das den heiligen Franziskus zeigt, wie er als seelisch geschlagener Mann aus Spoleto zurückkehrt. Auf der Wiese erblickt man ein aus Hecken angepflanztes großes Tau und darunter das Wort Pax. Das T ist das Erkennungszeichen der Brüder und der Freunde der franziskanischen Idee. Mit dem T werden in der Apokalypse die Menschen gekennzeichnet, die beim Endgericht gerettet werden sollen. Im Griechischen beginnt das Wort für Gott mit einem T für teos. Einen Tag nach der Heiligsprechung 1228 legte Papst Gregor IX. auf dem Hügel den Grundstein zur Unterkirche, der bis dahin »Colle inferni« hieß. Auf dem Höllen- oder unteren Hügel entstand mit den Jahren diese große Kirche mit Kloster, bei dessen Pracht und Größe zu fragen ist, ob Franziskus, der einfache, arme, kleine Heilige, dies für sich selber je wollte. Betritt der Pilger die Oberkirche, steht er in einem Raum, an dem gut die spezielle Richtung der italienischen Gotik zu sehen ist. Bei aller Hochachtung vor der architektonischen Leistung geht es in der Oberkirche im Grunde nur um die Fresken des Giotte de Bondone und seiner Schüler. In den 28 großen Fresken kann man beginnend an der rechten Sockelzone mit der Huldigung auf der Piazza das Leben des heiligen Franziskus verfolgen.

Aus der Oberkirche kommend führt rechts eine Treppe hinab zur Unterkirche. Die Piazza inferiore di San Francesco umfängt ein Kolonnadengang mit neuen Kunstwerken zu Assisi und Franziskus. Durch eine Doppeltür betritt man die Unterkirche mit ihren vielen Seitenkapellen. Bevor man in die Grabeskapelle geht, sollte man sich noch einmal im wahrsten Sinne des Wortes ein Bild von Franziskus machen. An der Ostwand findet man das älteste Bild der Kirche, die »Thronende Madonna mit Engeln und dem heiligen Franziskus«. Den

Heiligen vor Augen steigt der Pilger hinab zum Höhepunkt seiner Reise in die Tomba, zum steinernen Sarg des Franziskus. Hier ruhen die sterblichen Überreste des Heiligen in einem Schacht aus Steinen. Franziskus ist umgeben von vier der ersten Brüder: Leone, Angelo, Masseo und Rufino. Am Eingang ruht die Förderin und Freundin des Heiligen und des Ordens, die vornehme römische Dame Jacoba de Settesoli. Zwei Jahre nach der Heiligsprechung wurde die endgültige Grabstätte durch Bruder Elias so versteckt, dass niemand sie finden konnte. Er tat dies, um den zahlreichen Grabräubern und Dieben keine Chance zu geben. Denn Reliquien eines Heiligen bedeuteten für jede Stadt Reichtum. Bis heute sind sie für Pilger aus aller Welt besonders verehrungswürdig. Erst 1818 wurde der Sarkophag wieder entdeckt und eine Krypta gebaut. 1978 öffnete eine päpstliche Kommission den Sarg, da er brüchig war. Franziskus wurde in einen Glassarg gebettet und dieser dann in den steinernen Sarg gelegt. Viele Menschen besuchen die Krypta aus dem Jahr 1824. Hier verdichtet sich die Spurensuche der Pilgerreise nach Assisi an einem einzigen Punkt: am Grab des »kleinen Heiligen«, der uns heute noch so viel zu sagen hat.

INFORMATIONEN FÜR DEN PILGER

Assisi

Stadt in der italienischen Region Umbrien (rd. 25 000 Einwohner) etwa 30 km südöstlich von Perugia gelegen; Geburts- und Wirkungsstätte des heiligen Franziskus

Sehenswürdigkeiten

Wer nach und in Assisi pilgert, sollte unbedingt folgende Kirchen und Sehenswürdigkeiten besuchen:

• San Francesco
• Santa Chiara
• San Damiano
• Santa Maria degli Angeli
• Grabstätten des heiligen Franziskus und der heiligen Klara
• Duomo San Rufino

Weitere sehenswerte Orte in der Umgebung sind u.a. Gubbio, Perugia, Spoleto und Lago Trasimeno.

Besondere Veranstaltungen

3./4. Oktober: Festa di San Franceso
Darüber hinaus bietet die Stadt Assisi zahlreiche mittelalterliche und Renaissance-Bräuche mit Umzügen, Theatervorstellungen, Konzerten und Tanzdarbietungen.

Ein besonderer Tipp ist ein Besuch zur Weihnachtszeit, wenn in Assisi die »lebenden Krippen« zu bewundern sind.

Weitere Infos

Wer mehr über Assisi und den Pilgerweg erfahren will, findet Informationen unter:
ww.assisionline.net/assidideno4.mv

BANNEUX

WEG DER RUHE UND BESINNLICHKEIT

Wenn es diesen Pilgerort nicht gäbe, man müsste ihn erfinden. Denn an dieser Wallfahrtsstätte wird Maria, die dem Mädchen Mariette Beco achtmal erschien, nicht als die Himmelskönigin verehrt. Die Marienverehrung hat hier auch keinen theologischen Hintergrund wie in Lourdes (»Unbefleckte Empfängnis«) und auch keine politische Perspektive wie in Fatima (»Ganz Russland wird sich bekehren«). Maria ist hier schlicht und einfach die »Jungfrau der Armen«, gemäß den Seligpreisungen, wie sie bei Matthäus im 5. Kapitel zu lesen sind: »Selig, die arm sind vor Gott, denn ihnen gehört das Himmelreich.«

Es ist die Einfachheit, die sich hier in Banneux auf der kargen Hochebene der Ardennen, südöstlich der belgischen Stadt Liège (Lüttich), erhalten hat, die die Pilger zumeist zwischen Mai und Oktober aus allen Teilen Europas anzieht. Schon die Anreise – egal, ob in Gemeinschaft oder allein – verspricht Kontemplation. Man hat die Möglichkeit, in sich zu gehen, Ruhe zu suchen, sich fallen zu lassen, im Gebet Ausgleich und Stärke zu finden. Der kleine, schlichte Wallfahrtsort, den schon Papst Johannes Paul II. 1985 besuchte, empfängt den Pilger mit einer Atmosphäre der Besinnlichkeit und Ruhe, wie es nur wenige Pilgerorte auf der Welt vermitteln. Schon die Architektur der kleinen Erscheinungskapelle und der beiden weiteren Kirchen sowie die Gestaltung der Esplanade unterstützen die einmalige Aura des größten Wallfahrtsorts in Belgien. Seit jeher sind die Bewohner von Banneux und die dort angesiedelten Orden bemüht, die Botschaft der Bescheidenheit zu leben und zu vermitteln. Banneux lädt ein zum persönlichen Gebet. Pilger schätzen es, in der Erscheinungskapelle vor dem Triptychon, dem dreiteiligen Gemälde der Erscheinung, zu stehen und innezuhalten, eine Kerze anzuzünden und den Weg zur Quelle bewusst zu gehen.

Der Bus bringt wieder eine Gruppe Pilger nach Banneux. Viele reisen auf diese Weise in den kleinen Wallfahrtsort. Gut, dass er nicht direkt vor die Erscheinungskapelle fahren kann, sondern vorher seine Parkposition suchen muss. Heiter und fröhlich, trotz innerer Sammlung und Vorfreude auf diesen Pilgertag, steigen sie aus. Vorbei an Geschäften und Restaurants lenken sie ihre Schritte zur Gnadenkapelle, die so klein ist, dass man sie leicht übersehen könnte. An diesem Ort, am 15. Januar 1933, geschah die Begegnung zwischen dem einfachen

36

Schlicht ist die Erscheinungskapelle in Banneux, die Jahr für Jahr zahlreiche Pilger aus vielen Ländern anzieht.

BANNEUX

ERSCHEINUNGSKAPELLE • ESPLANADE

Im Garten des Hauses der Familie Beco, das heute noch steht, befindet sich die **Erscheinungskapelle.** Sie ist sehr klein und wurde mit Steinen der Ardennen gebaut, sehr einfach und schlicht. Aufgrund des rauen Klimas hat sie ein hochgebautes Schieferdach, das vor Wind und Kälte schützen soll. Diese Kapelle wurde am 14. August 1933 im Beisein von 60 000 Menschen eingeweiht. Im Innern der Kapelle befindet sich das dreiteilige Erscheinungsbild. Votivtafeln zeugen von Gebetserhörungen. Im Innern ist die Stelle mit dem Mosaik gekennzeichnet, an der

die erste Erscheinung stattfand. In lateinischen Worten steht dort zu lesen: »Sie ist hierhin gekommen, uns ihr Mutterherz zu öffnen.«

Der freie Platz, die **Esplanade,** bietet Platz für 10 000 Menschen. Er wird beherrscht von dem Freialtar, dem sogenannten Magnifikat-Altar. Hier finden die großen Gottesdienste bei schönem Wetter im Freien statt. Eingerahmt wird die Esplanade von zwei geräumigen Kapellen: der Botschaftskapelle, in der täglich der Rosenkranz gebetet wird, und der Franziskuskapelle.

Mädchen Mariette Beco und der himmlischen Erscheinung, die sich in der 3. Erscheinung als die »Jungfrau der Armen« vorstellte. Nacheinander betreten die Pilger die winzige Kapelle, stehen vor dem Triptychon, das in aller Schlichtheit die Erscheinung bildhaft erzählt, sehen auf dem Fußboden die Markierung der Stelle, an der Mariette während ihrer Vision kniete, zünden außerhalb des Kapellchens Kerzen für Menschen an, die sie gern haben oder für die sie Verantwortung tragen. Zu einem stillen Gebet nehmen sie in den Bänken, die sich vor der Kapelle im Freien befinden, Platz, um für einen Augenblick innezuhalten. So gestärkt gehen sie mit dem Rosenkranz in der Hand auf den Pilgerweg, um an den kreisrunden Stellen des Weges betend Station zu machen. »Der für uns unter der Last des Kreuzes zusammenbrach, heilige Jungfrau der Armen bitte für uns...« Die dritte Stelle befindet sich bereits vor der Quelle. Da steht Maria schlicht und einfach auf einer Steinmauer, links und rechts von Blumenvasen mit bunten Sträußen umgeben, und bietet gewissermaßen das Wasser der Quelle allen Menschen an: »Für alle Nationen« und »um das Leiden zu lindern«. Die Pilger trinken von diesem frischen Wasser, das übrigens sehr gut schmeckt, waschen Hände und Gesicht als äußeres Zeichen der inneren Reinigung. Sie füllen dieses lebendige Wasser in Flaschen – für sich selber oder als Geschenk für die Lieben daheim. Dann nehmen sie das Rosenkranzgebet wieder auf und gehen ein Stück durch die Parkanlage zu der langen, eingeschossigen Kapelle, einem Versammlungsort, wo nachmittags für alle Banneux-Besucher das Rosenkranzgebet angeboten wird. An der Frontseite im Inneren der Kirche sind die einzel-

38

nen Erscheinungen in Form von einfachen Zeichnungen wiedergegeben. Das ist das Erfrischende von Banneux: Hier sieht der Besucher in keiner Kirche oder Kapelle Gold und Glanz, keine Edelsteine und Silberverzierungen. Hier ist alles schlicht und einfach. Beinahe könnte man es »ärmlich« nennen, aber genau diese Tatsache macht den Ort stimmungs- und wertvoll. Die Pilger verlassen den Gebetsraum wieder, der auch »Botschaftskapelle« genannt wird. Sie sehen auf der rechten Seite den großen Freialtar auf der Esplanade. Man kann sich gut vorstellen, welche Atmosphäre herrscht, wenn an den Marienfesten oder besonderen Wallfahrtstagen hier die feierlichen Eucharistiefeiern zelebriert werden, alle Pilger in den Lobgesang einstimmen und Gott preisen. Links biegen die Pilger auf den Pfad, der zur St.-Michaels-Kapelle führt. Sie ist dem Schutzpatron Deutschlands geweiht und eine Nachbildung der Kapelle in Rhöndorf, dem ehemaligen Wohnsitz von Konrad Adenauer. Der erste Kanzler der Bundesrepublik Deutschland förderte in den 50er-Jahren den Bau der Kapelle. Sein Sohn, Prälat Paul Adenauer, äußerte bei der Grundsteinlegung den Wunsch, dass Banneux »Ausgangspunkt einer Friedenswelle für die ganze Welt« werden möge.

Der Brunnen ist ein Anziehungspunkt für alle Pilger, die nach Banneux kommen.

Zielpunkt des Pilger-Rundgangs ist die große neue Kirche, ein Zweckbau, der 5000 Menschen fasst und in der die Krankensegnung mit dem Allerheiligsten täglich – außer freitags – stattfindet. Gerade dieser nachmittägliche Gebetsgottesdienst vor der ausgesetzten Monstranz mit dem Allerheiligsten ist ein besonderer Höhepunkt: Die Liturgie wird in den Sprachen abgehalten, die auch in Belgien gesprochen werden:

BANNEUX

Das Gemälde stellt dar, wie dem elfjährigen Mädchen Mariette die Jungfrau Maria erschien.

Französisch, Niederländisch und Deutsch. Maria als Symbol der Einheit im Sprachengewirr unserer Zeit. Der Priester und seine liturgische Assistenz gehen in der weitläufigen Kirche von Bankreihe zu Bankreihe, besonders zu den Kranken, um den eucharistischen Segen zu spenden, untermalt von leisem Orgelklang. Welch eine feierliche, ruhige, meditative Stimmung. Zweifelsohne ist diese Begegnung mit dem eucharistischen Herrn der wirkliche Höhepunkt eines Banneux-Pilgertags. Es ist kein Wunder, dass die Wallfahrer fast immer fröhlich gestimmt diese Kirche verlassen, auch wenn es draußen – wie so oft – regnet und ungemütlich ist. Ein Kaffee mit Reisfladenkuchen rundet den Pilgertag ab.

»Mein liebes Kind, betet viel«

In Banneux erschien die »Jungfrau der Armen« achtmal dem elfjährigen Mädchen Mariette Beco. Die Acht hat eine besondere Symbolkraft: Beim achtspitzigen Malteser- oder Johanni-

BANNEUX

terkreuz steht jede Spitze für eine der acht Seligpreisungen. Jesus, der Wanderprediger vom See Genezareth, hatte den Menschen seinerzeit eine Lebensregel mit auf den Weg gegeben, als er die Barmherzigen und Armen seligpries, die Friedfertigen sowie alle lobte, die ein reines Herz haben. So haben sich die Malteser früher und heute dieses achtspitzige Symbol zum Wappen erkoren. Die Armen stehen an erster Stelle. Wie in Banneux, wo 1933, als in Deutschland die Nationalsozialisten die Macht übernahmen, Maria dem Mädchen erschien.

Mariette hatte die Lichtgestalt zunächst im Garten, kurz darauf an der nahe gelegenene Quelle gesehen. Bei der dritten Erscheinung stellte Mariette der Lichtgestalt die Frage, wer sie sei. Maria bekannte: »Ich bin die Jungfrau der Armen.« Das Mädchen eilte wiederum zur Quelle und fragte Maria, was der Satz »die Quelle ist mir vorbehalten«, den sie während der zweiten Erscheinung gehört hatte, zu bedeuten habe. Die Jungfrau lächelte und sagte: »Für alle Nationen. Für die Kranken.« In den nachfolgenden Erscheinungen bat die Jungfrau der Armen um eine Kapelle und versprach: »Ich komme, um das Leid zu lindern«. Sie sagte: »Glaubt an mich, ich werde an euch glauben« und später: »Mein liebes Kind, betet viel.«

Am 22. August 1949 wurde die Erscheinung von Banneux vom Lütticher Diözesanbischof mit dem Ehrentitel »Jungfrau der Armen« anerkannt. Mariette lebte ein ganz normales Leben.

INFORMATIONEN FÜR DEN PILGER

Banneux
Kleiner Wallfahrtsort südöstlich von Liège (Lüttich); Marienerscheinungen
Sehenswürdigkeiten
• Erscheinungskapelle
• Esplanade
• Quelle
Ein **Tipp:** Wer Banneux besuchen will, muss nicht den direkten Weg nehmen. Ein Besuch in dem nahe gelegenen, belgischen Marienwallfahrtsort Moresnet-Chapelle ist lohnenswert. Hier, unweit von Aachen, wird eine kleine Madonnenstatue verehrt. In einer Gartenanlage befindet sich ein außergewöhnlicher Kreuzweg – zur Zeit der Rhododendronblüte ein wahres Blütenmeer.

Besondere Veranstaltungen
Pilgermessen, Internationales Hochamt, Krankensegnungen
Weitere Infos
Informationen in mehreren Sprachen gibt es unter:
www.banneux-nd.be

FATIMA

DER LANGE WEG ZUR MUTTERGOTTES

Das Flugzeug landet pünktlich in Lissabon. Unsere deutsche Pilgergruppe macht sich auf den Weg nach Fatima. Der moderne Bus bringt uns zunächst zur mächtigen Kathedrale von Lissabon, anschließend besuchen wir das unmittelbar daneben liegende Geburtshaus des heiligen Antonius von Padua. Wir sehen die berühmte alte Straßenbahn, stehen am Seefahrerdenkmal am Fluss Tejo und hören von Heinrich dem Seefahrer. Von hier aus brach Vasco da Gama auf, der den Seeweg nach Indien entdeckte. Halt machen wir am Hieronymuskloster, werfen einen Blick auf den im manuelitischen Stil erbauten Turm von Belém, der von der Macht der Seefahrer kündet und trinken einen Kaffee. Alsbald führt uns die Straße heraus aus der Stadt, vorbei am Stadion des Fußballclubs Benfica Lissabon.

Es gibt eine Vielzahl von Wegen, die nach Fatima führen. Bequem ist es mit dem Flugzeug. Auch Busreisen, oft verbunden mit Besuchen in Lourdes und Santiago de Compostela, werden angeboten. Sie sind natürlich gerade für Pilger aus Deutschland aufgrund der großen Entfernung recht anstrengend. Von Köln bis Fatima sind es mehr als 2000 Kilometer. Für viele Portugiesen ist Fatima auch das Ziel von Fußwallfahrten. Jeweils zum 13. eines Monats kommen sie zum Wallfahrtsort. In den Monaten Mai und Oktober dürften es an die 30 000 Fußpilger sein, die nach Fatima pilgern. Unter der Woche ist Fatima ein eher stiller Ort. Erst zum Sonntag hin, wenn die große Messe im Freien ansteht, und in den beiden Marienmonaten Mai und Oktober, besonders am 13., dem Erscheinungstag, kommen die Pilger.

Wer Lissabon kennt, weiß, was diese Stadt zu bieten hat: Charme, Geschichte, Kultur und so viel mehr. Für Pilger geht der Weg aber Richtung Fatima, etwa eineinhalb Autostunden von Portugals Hauptstadt entfernt. Links und rechts der Straße entdeckt man Kork- und Steineichen, Öl- und Eukalyptusbäume. Das sind sie also, die Steineichen, unseren deutschen Eichen nicht unähnlich, sinnieren die Pilger, denn ihnen ist klar, was sie bedeuten: Über einem solchen Baum schwebte damals, am 13. Mai 1917, die Gottesmutter bei der Begegnung mit den drei Hirtenkindern in Fatima. Nach 130 Kilometern sehen wir das Ortsschild »Fatima« mit dem so arabischen Namen. Ich berichte der Pilgergruppe von der Lieblingstochter des Propheten Mohammed mit Namen Fatima. Von ihr leitet sich aufgrund der maurischen Ver-

42

gangenheit der Iberischen Halbinsel dieser ungewöhnliche Ortsname ab. Das heutige Städtchen Fatima mit seinen 7000 Einwohnern, eingebunden in eine bäuerliche Struktur, liegt südöstlich von Leiria auf einer felsigen Hochebene Mittelportugals, etwa drei Kilometer vom eigentlichen Wallfahrtsziel entfernt. Der Ort, an sich unbedeutend, hat neben einigen Hotels, Schwesternhäusern, Devotionaliengeschäften, Portweinläden und Restaurants nicht viel zu bieten, bis auf die Pfarrkirchen, in der die drei Hirtenkinder getauft wurden. Deren Erscheinungen im Jahr 1917 haben Fatima zum größten Wallfahrtsort Portugals und einem der bedeutendsten Pilgerstätten in der christlichen Welt gemacht.

Unsere Liebe Frau vom Rosenkranz

Zunächst ist der Pilger erstaunt über den gewaltigen freien Platz, der ihn in Fatima erwartet. Er ist doppelt so groß wie der Petersplatz von Rom und kann eine Million Menschen aufnehmen. Zur Zeit wird dort eine gewaltige neue Wallfahrtskirche gebaut, um die vielen Gläubigen an den Erscheinungstagen aufzunehmen und vor Regen zu schützen. Denn das Wetter ist aufgrund der Nähe zum Atlantik für Freiluftgottesdienste nicht immer beständig. Der

Die Basilika von Fatima mit dem großen Versammlungsplatz ist ein Blickfang für den Pilger.

Ort auf einer Höhe von etwa 340 Meter liegt nur 50 Kilometer von der Küste entfernt. Der Blick der Pilger fällt auf die große neoromanische Basilika mit dem mächtigen, 65 Meter hohen Turm und seinen 65 Glocken, die jede volle Stunde die Melodie des Fatimaliedes erklingen lassen. In dieser Kirche, geweiht auf den Namen »Unserer Lieben Frau vom Rosenkranz«, ruhen die drei Seherkinder. Links und rechts vor dem Hauptaltar befinden sich ihre Grüfte. Nach dem kurzen Leben von Francisco und Jacinta, die beide an der »Spanischen Grippe« starben, und einem langen Leben der Lucia – genauso, wie es die Muttergottes vorhergesagt hatte – ruhen nun alle drei wieder vereint in der großen Freundschaft Gottes.

Vor der Basilika befindet sich zwischen den Kolonnaden über einer Freitreppe ein weit ausladender, überdachter Zelebrationsaltar. Dieser wird für die großen Gottesdienste mit den vielen Diakonen, Priestern und Bischöfen sonntags und besonders an den Erscheinungstagen benötigt. Das Kernstück der Cova da Iria, wie der Platz genannt wird, ist jedoch die Erscheinungsstelle. Hier gibt es eine flache, überdachte und nach vorn hin offene Halle, in der sich die von der Muttergottes gewünschte, kleine Ursprungskapelle befindet. Auf einer Säule links neben dieser Kapelle, die exakt an der Stelle der Steineiche errichtet wurde, steht sie unter einer Glasvitrine: die Muttergottes von Fatima! Das Ziel der vielen Hunderttausend, die nach Fatima pilgern, um dort zu beten und Kraft zu tanken. Rechts neben der Erscheinungsstelle wächst eine andere Steineiche, unter der die Hirtenkinder gewartet und den Rosenkranz gebetet haben, gut eingezäunt mit einem schweren Eisengitter. Andernfalls hätten fromme Seelen mit ihrem Wunsch ein Andenken mit nach Hause zu nehmen sie inzwischen völlig blank gerupft in dem Glauben, dass es sich um die Originaleiche handeln könnte.

Pilger kommen an jedem 13. eines Monats

An jedem 13. eines Monats, besonders von Mai bis Oktober, strömen die Pilger in Massen herbei. Bereits am Vorabend reisen sie an und übernachten teilweise im Freien, betend und singend. Hunderte Kerzen folgen der Madonnenstatue während der abendlichen Lichterprozession. Das Rosenkranzgebet verstummt in dieser Nacht nicht. Es ist jedes Mal ein wahres Fest des Glaubens. An anderen Tagen des Monats ist es in Fatima eher ruhig, anders als in Lourdes mit seinem durchgehenden Pilgerbetrieb. Es kommen einzelne Wallfahrer, meist Portugiesen. Sie leben ihre eigene Frömmigkeit, die wir nur schwer nachvollziehen können. So sieht man Frauen, die schon von weitem den langen Platz auf einem ausgewiesenen Streifen kniefällig hinunterrutschen, um dann auf blutenden Knien die Erscheinungsstelle mehrmals zu umrunden.

•••   **FATIMA**   •••

Die Kirche hat es nicht immer leicht gehabt in Portugal: Im Jahr 1910 wurde das portugiesische Königshaus gestürzt und das Parlament der ersten Republik verkündete die Trennung von Staat und Kirche. Durch dieses Gesetz sollte der Katholizismus, der als Hauptursache der damaligen Probleme gesehen wurde, innerhalb von zwei Generationen vollständig beseitigt werden. Eine scharfe Kirchenverfolgung begann. In den instabilen, unruhigen Jahren von 1911 bis 1926 wechselten sich acht Präsidenten und 34 Regierungen ab. Es war eine heillose Zeit, in der die Kirche völlig an den Rand gedrängt wurde und Platz machen musste für einen militanten Atheismus. Den Glauben der Menschen konnte dies jedoch nicht erschüttern.

Die Valinhos sind ein Ort der Ruhe und Einkehr.

Drei Kindern erscheint eine Lichtgestalt

Dass die Pilger aus allen Teilen der Welt nach Fatima kommen, hat seine Ursache in einem Ereignis des Kriegsjahres 1917: Am 13. Mai gingen drei Kinder aus dem Dörfchen Aljustrel mit ihren Schafen und Ziegen wie gewohnt in eine abgelegene Talmulde im Wald, der Cova da Iria, um ihre kleine Herde zu weiden. Es waren Kinder aus ärmlichen Verhältnissen: Jacinta, sieben Jahre alt, ihr Bruder Francisco zählte neun Jahre und die ältere Kusine Lucia war bereits zehn. Sie spielten und lachten, beteten aber auch unterwegs den Rosenkranz. So kamen sie mit ihren Tieren in die Talmulde. Plötzlich sahen sie, wie die Sonne sich verdunkelte, spürten einen Temperatursturz und ein gewaltiger Blitz zuckte über den Himmel. Schnell wollten sie ihre Schafe heimwärts treiben, um sich in Sicherheit zu bringen. Da sahen sie auf einer Steineiche eine wunderschöne Frau, in Weiß gekleidet, strahlender als die Sonne, und sie erschraken fürchterlich. Die

45

Dame erklärte ihnen, sie müssten keine Angst haben, sie käme vom Himmel, und bat sie, ein halbes Jahr lang jeden 13. eines Monats um die gleiche Stunde hierherzukommen. Sie fragte sie: »Wollt ihr euch Gott darbieten, um alle Leiden zu ertragen, die Er euch schicken wird, zur Sühne für alle Sünden, durch die Er beleidigt wird und als Bitte um die Bekehrung der Sünder?« Und sie fuhr fort: »Ihr werdet also viel leiden müssen, aber die Gnade Gottes wird eure Stärke sein.« Sie öffnete die Hände und ein starkes Licht wurde sichtbar. Die göttliche Erscheinung sagte noch zu den drei Kindern: »Betet täglich den Rosenkranz, um den Frieden der Welt und um das Ende des Krieges zu erlangen!« Dann verschwand die Lichtgestalt in der Unendlichkeit des Himmels. In den weiteren Erscheinungen, in denen sie erneut zum Rosenkranzgebet aufrief, prophezeite sie, dass Francisco und Jacinta bald sterben würden, was auch tatsächlich eintraf: Francisco verstarb am 4. April 1919 und Jacinta am 20. Februar 1920.

Engel des Friedens mit der Hostie

Die drei Hirtenkinder traf die himmlische Erscheinung nicht ganz unvorbereitet. Ein weiß gekleideter Engel, weißer als der

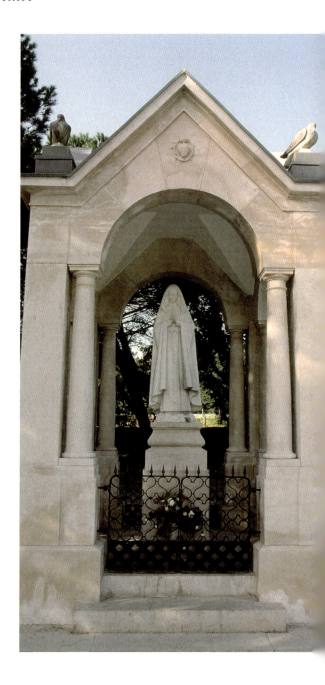

Maria ist das Ziel der Pilger von Fatima, die ihre Sorgen und Nöte zu der Gottesmutter tragen.

Schnee, hatte 1916, ein Jahr zuvor, die Kinder unterwegs auf einem kleinen Hügel überrascht und sich als »Engel des Friedens« vorgestellt. Er lehrte sie ein Gebet, wobei er sich bis auf den Boden verneigte und sprach: »O mein Gott, ich glaube an Dich, ich bete Dich an, ich hoffe auf Dich. Ich bitte Dich um Verzeihung für jene, die nicht an Dich glauben, Dich nicht anbeten, nicht auf Dich hoffen und Dich nicht lieben.« Ein zweites Mal besuchte er die Kinder im Sommer am Brunnen im elterlichen Haus der Lucia. Wiederum ermahnte er sie: »Betet viel. Die heiligsten Herzen Jesu und Mariens haben mit euch Pläne großen Erbarmens. Bringet Gott dem Herrn ständig Gebet und Opfer dar! Betet für die Bekehrung der Sünder. Ziehet so den Frieden auf unser Land. Ich bin sein Schutzengel, der Engel von Portugal. Vor allem nehmt die Leiden an, die der Herr euch schicken wird, und ertragt sie geduldig.« In der dritten Begegnung, etwa im Oktober, vollzog der Engel eine geheimnisvolle Kommunion. Er hielt in der Hand einen Kelch und über dem Gefäß eine Hostie, aus der Blutstropfen in den Kelch fielen. Der Engel ließ den Kelch und die Hostie in der Luft schweben und kniete selber nieder, um ein Sühnegebet zu sprechen. Die Hostie gab er dann Lucia und aus dem Kelch tranken Jacinta und Francisco. Danach verschwand der Engel. Von dieser Zeit an beteten die Kinder noch mehr, viele Rosenkränze am Tag, nahmen freiwillig Leiden und Bußopfer zur Bekehrung der Sünder auf sich. So vorbereitet, konnte dann die große Erscheinung am 13. Mai 1917 stattfinden. Doch die Himmelskönigin ist den Kindern nicht nur einmal erschienen.

Der Blick in die Hölle

Für die Kinder begann jetzt ihr ganz persönlicher Leidensweg. Sie wurden ausgelacht, misshandelt, eingesperrt, verhört und geschlagen. In der zweiten Erscheinung nach dem 13. Mai weissagte die Muttergottes Jacinta und Francisco, dass sie bald in den Himmel kommen würden. So geschah es dann auch. Lucia müsse noch auf Erden bleiben, damit sie mithelfe, die Verehrung des Unbefleckten Herzens Mariä zu verbreiten. Dann sahen die Kinder ein mit Dornen umwundenes Herz und verstanden, dass dies das durch die vielen Sünden der Menschen gekränkte Herz Mariens sei. In der dritten Erscheinung versprach Maria den Kindern für den Oktober ein Wunder, damit es alle Menschen glauben. Auch gewährte sie ihnen einen Blick in die Hölle. Für die Kinder muss es furchterregend gewesen sein, sie wurden leichenblass und die Umstehenden hörten sie aufschreien. In der gleichen Vision sagte sie auch, dass Russland sich bekehren werde und dass dann Friede sei. Sie fuhr fort: »Der Heilige Vater wird viel leiden müssen, mehrere Nationen werden ausgelöscht werden… Doch am Ende wird mein Unbeflecktes Herz triumphieren.«

Die vierte Erscheinung konnte nicht am 13. August stattfinden. Man hatte die Kinder verhört und bedroht und danach eingesperrt. Aber den Himmel kann man nicht einsperren. So erschien Unsere Liebe Frau den Kindern einige Tage später am 19. August in den Valinhos, einem Tal auf der Strecke zwischen Aljustrel und der Cova da Iria. Sie bat um den Bau einer kleinen Kapelle. Während der fünften und vorletzten Erscheinung waren schon mehr als 25 000 Menschen in der Cova da Iria. Maria wiederholte ihren Aufruf zum Gebet und zur Sühne, »damit der Krieg zu Ende gehe. Im Oktober gebe ich ein Wunderzeichen, damit alle glauben können.«

Das Sonnenwunder vor 70 000 Menschen

In dieser sechsten und letzten Erscheinung am 13. Oktober 1917 ereignete sich das größte Wunder der Kirchengeschichte. 70 000 Menschen – manche ernst zu nehmende Fachleute sprechen sogar von 100 000 – waren in der Talmulde zusammengekommen. Tagelang hatte es geregnet, die Erde war morastig und schlammig und es regnete immer noch. Die Menschen waren nass bis auf die Knochen. Keineswegs hatten sich dort nur fromme Leute mit ihrem Rosenkranz eingefunden, nein, es waren auch Atheisten, Zweifler und Spötter unter ihnen. Natürlich auch Journalisten, die den »Spuk« miterleben und endlich mal die Wahrheit über diesen »Unfug« berichten wollten. Um zwölf Uhr sollte das Wunder geschehen, stundenlang hatten sie alle gewartet, frierend und in großer Erwartung.

Dann passierte es: Die Wolken wurden auseinandergerissen und Lucia schrie: »Schaut zur Sonne!« Schlagartig hörte der Regen auf. Die Sonne stand als Scheibe am Himmel, manche sahen sie glutrot, manche silbern, andere golden. Sie kreiste dreimal um sich selbst, dabei fielen Strahlenbündel in allen Regenbogenfarben auf die in der Cova da Iria versammelte Menschenmenge. Die Kinder sahen Maria neben der Sonne und den heiligen Josef mit dem Jesuskind auf dem Arm, das die Menge segnete. Nachdem die Sonne dreimal um sich selber gekreist und wie im Tanz gehüpft war, verfärbte sie sich blutrot und raste auf die zu Tode erschrockenen Menschen zu. Alle sanken in die Knie und beteten. Sie dachten, dass ihr letztes Stündlein geschlagen habe. Laut bekannten Gläubige ihre Sünden. Endlich blieb die Sonne an ihrem gewohnten Platz stehen.

Das wahre Geheimnis von Fatima

Der ganze Vorgang dauerte etwa zehn Minuten. Dann die große Überraschung: Obwohl es vorher stundenlang geregnet hatte, waren jetzt alle nassen Kleidungsstücke trocken. Das geht

••• FATIMA •••

Die mit weißen Rosen geschmückte Madonna wird durch die Menschenmenge getragen.

nicht in zehn Minuten! Eine Hitzewelle, die nicht von allen Zuschauern empfunden wurde, ließ die Regenpfützen urplötzlich austrocknen. Auch einige Kilometer entfernt konnte das Spiel der Sonne beobachtet werden, obgleich kein Observatorium den Sonnentanz auf seinen Geräten nachvollziehen konnte. Es war eben ein Zeichen Gottes.

70 000 Menschen haben dieses Zeichen miterlebt, Gläubige und Ungläubige. Können die sich irren, sich täuschen lassen? In sechs Erscheinungen hat Maria um persönliche Umkehr gebeten. Sie rief zur Buße auf und wünschte das Rosenkranzgebet um den Frieden der Welt. Das waren die wahren »Geheimnisse von Fatima«, nicht Weltuntergangsprophezeiungen! Maria hat Gott ihr Herz geschenkt ohne irgendwelche Vorbehalte. So sollen auch wir uns Gott zuwenden und ihm unser Herz schenken. Deshalb bittet Unsere Liebe Frau vom Rosenkranz

FATIMA

um die Weihe an ihr Unbeflecktes Herz: »Gott will in der Welt die Andacht zu meinem Unbefleckten Herzen verbreiten.« Doch woran hängen wir unser Herz?

Pilger-Päpste am Gnadenort

Am 13. Mai im Jahr 1967 kam Papst Paul VI. als Pilger zum Gnadenort Fatima. Am 13. Mai 1982 war es der polnische Papst Johannes Paul II., der Fatima aufsuchte, um Dankeschön zu sagen für die wundersame Errettung bei dem bis heute ungeklärten Attentat, das auf den Tag genau ein Jahr zuvor in Rom auf dem Petersplatz stattgefunden hatte. Als sichtbares Zeichen übergab er der Madonna die Kugel, die ihn traf. Die Vorhersage Mariens, dass der Heilige Vater viel zu leiden habe, hatte sich bewahrheitet. Das Geschoss wurde in die goldene Krone der Marienstatue von Fatima eingearbeitet. Am Fest Mariä Verkündigung, am 25. März 1984, vollzog dieser Papst in Einheit mit allen Bischöfen des Erdkreises die Weihe der ganzen Welt an das Unbefleckte Herz Mariens. Wenige Wochen später zog Michail Gorbatschow in den Kreml ein und führte Russland aus dem Kommunismus heraus. Sichtbares Zeichen des Zerfalls des Ostblocks ist ein Originalstück der Berliner Mauer, das sich am linken Rand des großen

Ins Gebet versunken und im Glauben vereint: Pilger in der Wallfahrtsbasilika

▪▪▪ FATIMA ▪▪▪

Platzes von Fatima befindet. Noch ein zweites Mal, am 13. Mai 1991, kam Johannes Paul II. nach Fatima, um am 10. Jahrestag des Attentats der Muttergottes noch einmal zu danken. Ich wehre mich immer dagegen, wenn Pilger sagen: Lourdes sei schöner oder Fatima besser. Diese beiden Orte kann man nicht vergleichen. Jeder hat seinen ganz besonderen Stellenwert, seine Botschaft. Aber beides sind Gnadenorte, wo sich »Himmel und Erde berühren« und wo man »seine Seele atmen lassen darf«.

Die Riten der Fatima-Wallfahrer

Pilger können in aller Stille den ungarischen Kreuzweg durch die Valinhos hinauf nach Aljustrel, dem Heimatort der Kinder, gehen. Man kann sich erfreuen an den Steineichen, dem Heidekraut und den Blumen. Wenn man will, kann man dort die ärmlichen Elternhäuser der Kinder besuchen. Ein sonntäglicher Freiluftgottesdienst ist ein ganz besonderes Erlebnis. Am Ende der Eucharistiefeier wird die blumengeschmückte Marienstatue in einer Abschiedsprozession zurück in die Erscheinungskapelle getragen. Dabei winken alle mit einem weißen Tuch der Gottesmutter zu und singen – oftmals unter Tränen – das Fatimalied. Diesem Flair kann man sich nicht entziehen. Man sollte sich das ausdrucksstarke Buntfenster des Sonnenwunders ansehen. Es befindet sich in der Kapelle »Unsere Liebe Frau von den Schmerzen« – ein unvergessliches Erlebnis ist wie der gesamte Weg nach und in Fatima.

INFORMATIONEN FÜR DEN PILGER

Fatima

Portugiesischer Marienwallfahrtsort 130 Kilometer nördlich von Lissabon; wird u.a. von vielen Kranken besucht, die auf Heilung hoffen.

Sehenswürdigkeiten

In Fatima und Umgebung:
- Heiliger Bezirk
- Ungarischer Kreuzweg
- Valinhos und das Dörfchen Aljustrel
- Berliner Mauer
- Gräber der Seherkinder
- Glasfenster »Sonnenwunder«
- Klöster Batalha und Alcobaca sowie Nazare am Atlantik
- Universitätsstadt Coimbra
- Klosterburg der Christusritter in Tomar

Besondere Veranstaltungen

Am 13. eines Monats (Erscheinungstag) und auch an weiteren Marienfesten Prozessionen, Messen

13. Oktober: Fest des Sonnenwunders

10. Juni: Internationale Kinderwallfahrt (Schulklassen, Kindergärten, Jugendgruppen)

51

JERUSALEM
AUF DEN WEGEN JESU

Welch ein Panorama! Soeben hatte sich der Kleinbus den Ölberg durch arabische Wohn- und Geschäftsviertel hinaufgequält und war dann links eingebogen. Auf der rechten Seite sah man im Licht der untergehenden Sonne die hell erleuchtete Stadt Jerusalem liegen. Golden glänzte die Kuppel des Felsendoms in der Mitte. Die Kirchen, Klöster und Minarette waren in ein warmes Licht getaucht, umgeben von der alles umfassenden wuchtigen Stadtmauer.

Seit mehr als 3000 Jahren ziehen Pilger zur Wallfahrt hinauf nach Jerusalem, in die Heilige Stadt. Sie wurde geistige und geistliche Heimat der drei großen monotheistischen Religionen, die Abraham ihren Vater nennen und an dem Ein-Gott-Glauben festhalten. Die Juden nennen sie auf Hebräisch Jeruschahlajim. Für sie ist sie ihre heilige Stadt, weil dort der Tempel auf dem Berg Moriah stand, wo Abraham dazu bereit war, seinen Sohn zu opfern im Glaubensgehorsam gegenüber Gott. Hier fanden die Juden ihre Identität bis zum Jahr 70 nach der Zeitenwende. Der römische Feldherr Titus nahm die Stadt ein, der Tempel brannte nieder und die religiösen Gegenstände wurden geraubt. Davon erzählt bis auf den heutigen Tag in Rom der Titusbogen, der älteste der Triumphbögen. Die Relieffelder an den Innenseiten zeigen den Triumphator Titus im Streitwagen, gegenüber die Kriegsbeute: Der siebenarmige Leuchter, liturgisches Gerät und die Trompeten aus dem zerstörten herodianischen Tempel. Dieser Bogen zeugt von der schmerzlichsten Niederlage der Juden. Von da an waren sie heimatlos. Geblieben ist die Westmauer, auch Klagemauer genannt, an der die Juden zu beten pflegen, weil dieses Stückchen Mauer der Westseite des Tempels am nächsten kommt.

Für die Christen ist die Stadt Jerusalem die heiligste Stadt, weil hier Jesus gekreuzigt und auferstanden ist. Hier ist er auf einem Esel in die Stadt eingeritten und die Leute schrien in ihrer allzu menschlichen Messiaserwartung »Hosanna«. Hier hat er mit seinen Jüngern das Passahmahl gefeiert, nachdem er ihnen die Füße gewaschen hatte. Hier hat er im Angesicht des Tempels mit seinem Gott gerungen: »Herr lass diesen Kelch an mir vorübergehen.« Hier hat er das Kreuz genommen und ließ sich am 7. April des Jahres 30 durch die

52

Blick von der Kirche Dominus flevit auf dem Ölberg in Jerusalem auf die Altstadt mit dem Felsendom

Straßen und Gassen Jerusalems hinaufprügeln nach Golgotha. Dort hat er sich für alle Menschen zerbrechen lassen und starb wie ein Verbrecher, von allen guten Freunden verlassen, mit dem alttestamentlichen Sterbepsalm auf den Lippen:» Mein Gott, mein Gott, warum hast Du mich verlassen?« Hier in Jerusalem ist er von den Toten auferstanden, vom Berg aus fuhr er gen Himmel und schickte uns den Heiligen Geist, der die Jünger auf die Straße trieb und sie freudig diesen Jesus als den erwarteten Messias verkünden ließ. In dieser Stadt formte sich die erste Urgemeinde der Jesusjünger, die man später »Christen« nann-

▪▪▪ JERUSALEM ▪▪▪

Ins Gebet versunken: Als Pilger in Jerusalem zu sein, ist eine besondere spirituelle Erfahrung.

te. Für alle, die an Christus glauben, wurde diese Stadt zu einem Synonym für den endzeitlich zu erwartenden Himmel, zum »himmlischen Jerusalem«.

Die Moslems nennen diese Stadt »Al Quds«. In ihrer heiligen Schrift, im Koran, liest man in der 17. Sure von der »nächtlichen Reise«. Da heißt es, dass der Prophet Mohammed in einer Nacht des Jahres 619 von Mekka nach Jerusalem gebracht worden sei, um vom Felsen Moriah auf seinem Pferd Al Buraq in den Himmel aufzusteigen. Dort steht seit dem Jahr 691 der prächtige Felsendom. Er bezeichnet die Stelle, an der Abraham seinen Sohn Isaak opfern wollte und der Prophet gen Himmel ritt. Für die Moslems ist Jerusalem die drittheiligste Stadt nach Mekka und Medina. Dort, wo früher, zur Zeit des herodianischen Tempels die Hallen Salomons standen, sieht man heute die Al-Aqsa-Moschee (»die weit Entfernte«). In der 17. Sure liest man: »Al Aqsa ist das von Mekka am weitesten entfernte Heiligtum, zu dem Mohammed entrückt wurde.« Heute haben die Anhänger des Islam auf dem Haram al-Sharif, dem »Tempelberg«, das Sagen.

▪▪▪ JERUSALEM ▪▪▪

Das ist »Jerusalem«, »Jeruschahlajim«, »Al Quds«, die Stadt der drei Weltreligionen, die Stadt auf dem Berg, die Stadt der 5000 Synagogen, 200 Kirchen und 60 Moscheen, religiöser Mittelpunkt, heiliger Boden, heiß umkämpft, 36-mal Anlass von Kriegen, 17-mal zerstört, viel geliebt, zerrieben zwischen Machtinteressen politischer und religiöser Natur, die Stadt Davids, die sich den Frieden wünscht mit den Worten »Shalom« und »Salam« und ihn bis heute nicht gefunden hat.

DAVIDS WALLFAHRTSLIED

Überall Geräusche, Muezzin-Rufe, Straßenlärm, Geschäftigkeit. In diese Kulisse hinein klingt der Psalm 122, das Wallfahrtslied Davids, völlig neu und alle können es freudigen Herzens bestätigen:

>»Ich freute mich, als man mir sagte:
>Zum Haus des Herrn wollen wir pilgern.
>Schon stehen wir in Deinen Toren, Jerusalem,
>Jerusalem, Du starke Stadt,
>dicht gebaut und fest gefügt.
>Dorthin ziehen die Stämme hinauf,
>die Stämme des Herrn,
>wie es Israel geboten ist,
>den Namen des Herrn zu preisen.
>Denn dort stehen Throne bereit für das Gericht,
>die Throne des Hauses David.
>Erbittet für Jerusalem Frieden,
>wer Dich liebt, sei in Dir geborgen.
>Friede wohne in Deinen Mauern,
>in Deinen Häusern Geborgenheit.
>Wegen meiner Brüder und Freunde will ich sagen:
>In Dir sei Friede.
>Wegen des Hauses des Herrn, unseres Gottes,
>will ich Dir Glück erflehen.«

Jerusalem, die Pilgerstadt

Jesus war und blieb Jude bis zu seinem letzten Atemzug. Die Christen vergessen das oft. So handelte und lebte er als Jude und zog wie alle anderen auch dreimal im Jahr zu den Wallfahrtsfesten nach Jerusalem hinauf. Das war er auch von Kindesbeinen an so gewohnt, als seine Eltern Maria und Josef ihn mitnahmen von Nazareth auf die etwa 120 Kilometer lange Reise nach Jerusalem. Sie waren eng mit dem Tempel verbunden, nicht nur weil sie dort ihre Tempelsteuer zahlen mussten, sondern weil es in den heiligen Schriften als Gebot steht: »Dreimal im Jahr soll alles bei dir, was männlich ist, vor dem Herrn, deinem Gott, erscheinen an der Stätte, die er erwählen wird: am Fest der ungesäuerten Brote und am Wochenfest und am Laubhüttenfest. Man soll nicht mit leeren Händen hingehen, um das Angesicht des Herrn zu schauen, sondern jeder mit seiner Gabe, die dem Segen entspricht, den du vom Herrn, deinem Gott, erhalten hast« (5. Mose 16,16-17). Jesu Familie war gesetzestreu; heute würden wir sie als orthodoxe Juden bezeichnen. In diesem Geiste reifte Jeshua heran, so handelte er als

55

JERUSALEM

erwachsener Mann und so führte er auch seine Jünger und Weggefährten. Für ihn war es eine Freude, zum »Berg des Herrn« zu ziehen, besonders zum Passahfest, an dem die Kinder Israels ihren Auszug aus der Knechtschaft Ägyptens feierten. Für alle Juden war dies Grund genug, hinaufzupilgern nach Jerusalem, zu ihrem Tempel. Menschenmassen drängten sich dann in der Stadt so sehr, dass die Römer, die Besatzer der Provinz Judäa, Angst hatten, es könnte ein Aufstand geplant werden. Deshalb nahmen sie dankbar das Geschenk König Herodes' an, eine Burg Antonia am Rande des Tempelgeländes zu errichten, um von dort auf den Tempelberg hinabsehen zu können. Auch zog der römische Statthalter – zur Zeit Jesu war es Pontius Pilatus, der in Cäsarea am Meer residierte – an den Wallfahrtsfesten hinauf nach Jerusalem, um am Ort des Geschehens zu sein, falls sich jüdischer Widerstand regen sollte.

Also doch: Jesus ein Pilger! Man ist in guter Gesellschaft, wenn man sich aufmacht zur Pilgerfahrt nach Jerusalem. Heute hat man es leicht: Nach einem etwa vierstündigen Flug landet die Maschine in Lod/Tel Aviv, einem jetzt supermodernen Flughafen. Früher hing im alten Flughafengebäude ein herrlicher Wandteppich, der zeigte, wie aus allen Himmelsrichtungen die Menschen nach Jerusalem strömen. Auf Hebräisch war das Jeremiawort zu lesen »Die Söhne werden zurückkehren in ihre Heimat« (Jer. 31,17). Schade, dass dieser Wandteppich, der an die vielen Exiljuden erinnert, heute im Flughafengebäude nicht mehr zu sehen ist. Von Tel Aviv schafft es der Bus in einer Stunde bis zum Ziel der Reise, nach Jerusalem. Kurz vor der Heiligen Stadt sieht man auf der linken Seite Ain Karem. Dort hat sich die Begegnung zwischen Elisabeth und Maria zugetragen, die beide ein Kind erwarteten (Auch eine echte Pilgerreise: Von Nazareth durch Samarien bis ins judäische Bergland zum Hause Elisabeths). Ein weiterer moderner Zugangsort zum Heiligen Land ist die Küstenstadt Haifa mit seinem Tiefseehafen. Dort machen die Kreuzfahrtschiffe fest und bieten »ganz Israel in sechs Stunden« an. Das sind dann die modernen Kreuzritter, die mit der Kamera bewaffnet das Heilige Land überfallen.

Mit dem Schiff und per Flugzeug strömen heute die Pilgergruppen in das Gelobte Land. Auf dem Landweg durch Griechenland und der Türkei kann man zwar auch nach Israel kommen, aber dieser Weg ist weit, beschwerlich und manchmal gefährlich. Aufgrund der politischen Verhältnisse ist eine Reise durch den Libanon und Syrien kaum möglich. Dafür sind die nachbarschaftlichen Verhältnisse zu angespannt. Schon zu Beginn des Christentums drängte es die Gläubigen zur Wallfahrt nach Jerusalem, zu den Stätten, an denen Jesus lebte und wirkte. Sie nahmen unsägliche Schwierigkeiten in Kauf. Manche starben unterwegs auf den Routen, die nach Osten führten, zu dem Land, das sich der Herr als seine Heimat auserkoren hat.

56

JERUSALEM

Die großen Pilgerrouten ins Gelobte Land

Die Pilgerfahrt nach Jerusalem darf als die älteste und ehrwürdigste Pilgerreise gelten. Sie begann bereits im 2. und 3. Jahrhundert und erlebte ihren Höhepunkt wohl vom Mittelalter bis in die jüngste Neuzeit hinein. Bis dahin gab es nur wenige »identifizierte« heilige Stätten. Erst als der christliche Glaube seine Freiheit durch Kaiser Konstantin (306–337) erhielt, gewannen die Orte, an denen Jesus gewirkt hatte, an Bedeutung. Besonders hervorzuheben ist Konstantins Mutter Helena, die Jerusalem zur Pilgerstadt machte. Die Menschen wollten den Stellen nahe sein, an denen Jesus gelebt hatte. Unterschiedliche Motive drängten sie dazu: einmal die Sorge um ihr Seelenheil – auch aufgrund ihres kurzen Lebens damals in früher und mittelalterlicher Zeit –, ferner die Monotonie des Alltags und besonders die Vergebung der Sündenschuld. Sie wollten die seit der Kindheit vertrauten Orte der Bibel mit eigenen Augen sehen, mit ihren Füßen begehen, mit ihren Händen betasten und mit ihren Lippen berühren. Ziel der Reise war es auch, im Jordan zu baden, in den Jesus selber eingetaucht worden war, gewissermaßen eine zweite Taufe zu feiern, die sie von ihrer Sündenlast befreien sollte. So kamen die Menschen unter unvorstellbaren Schwierigkeiten und unter Einsatz aller finanzieller Reserven nach Palästina. Die Pil-

Versunken ins Gebet feiern Ordensschwestern in der Verratsgrotte auf dem Ölberg Gottesdienst.

ger konnten damals wählen zwischen der Überlandroute durch Kleinasien und der Seeroute von Rom-Ostia aus, an der dalmatischen und griechischen Küste entlang zu den Inseln Kreta, Rhodos und Zypern bis nach Jaffa. So kamen die Menschen aus Portugal, Südfrankreich, Italien und aus Deutschland bis nach Rom-Ostia, schifften sich dort ein und fuhren durch die Meerenge von Messina vorbei an Kreta und Zypern bis zur Hafenstadt Akko. Es gab auch mehrere Landrouten ins Heilige Land. Bekannt ist die Route von Rostock aus, die von den Pilgern skandinavischer Länder bevorzugt wurde: vorbei an Nürnberg nach Passau, dann über Wien, Budapest, Sofia bis nach Konstantinopel, Überquerung des Bosporus, über Ephesus, Laodicea, Antalia, Tarsus, Antiochien, Tripolis bis zum See Genezareth. Der Weg führte durch das Jordantal bis nach Jerusalem. Die Kreuzfahrer des Mittelalters wählten die Strecke von Frankreich aus, beginnend in Clermont, über Le Puy, Turin, Ancona und Bari nach Brindisi, dann mit dem Schiff nach Patras, weiter zur Insel Kreta, nach Rhodos, Myra, Antalia, Tarsus usw. Als dann das christliche Königreich Jerusalem durch Sultan Saladin 1187 zerschlagen wurde und der 3. Kreuzzug (1189–1192) mit einer Niederlage endete, erwirkte Richard Löwenherz die Erlaubnis des Sultans, die christlichen Stätten besuchen zu dürfen. 1291 ging die letzte Bastion Akko an die Moslems verloren und die Pilgerfahrten schienen ein Ende zu nehmen. Aber bereits zehn Jahre später ging es aufgrund der Aktivitäten der italienischen Handelsmächte Venedig und Genua wieder los. Eine solche Seefahrt dauerte in der Regel sechs bis acht Wochen und musste dem Schiffskapitän teuer bezahlt werden. Die Pilger blieben meistens zehn Tage in Jerusalem, dann ging es weiter, oftmals zum Katharinenkloster auf dem Sinai oder auf einen Besuch des nördlichen Palästina mit Damaskus und Aleppo. Immer aber waren die Pilger in Gefahr, von muslimischen Truppen ausgeraubt, misshandelt oder umgebracht zu werden. Hinzu kamen die körperlichen Strapazen einer solchen Reise in damaliger Zeit.

Der christliche Pilgerweg zur Altstadt von Jerusalem

Pilger beginnen in der Regel ihren Weg am frühen Morgen auf dem Scopusberg, einem Teil des bekannten Ölbergs mit seinem Aussichtspunkt, der ein atemberaubendes Panorama von Jerusalem bietet. Mit Gebeten und einem Lied grüßen sie die Heilige Stadt, die zu dieser Tageszeit schon sehr geschäftig ist. Kamelbesitzer und Eseltreiber drängeln sich da, Postkartenverkäufer bieten ihre Kollektionen feil. Die Pilger aber wollen in den Fußstapfen Jesu nun den sogenannten »Palmsonntagsweg« gehen, einen Pilgerweg zu den Stadttoren Jerusalems. Ein weiterer Pilgerweg, die »via crucis«, der Kreuzweg Jesu, führt durch die Stadt bergauf zum Felsen Golgotha. Innerlich gesammelt, ausgerüstet mit Wasser für den Tag, dem Pilgerliederbuch sowie der Heiligen Schrift (sie ist der beste Reiseführer durch das Gelobte Land)

58

geht man vorsichtig los, denn die Straße fällt steil ab. Schon bald biegt man rechts in eine Gartenanlage ein, in der sich die Kirche »Dominus flevit« (Der Herr weint) befindet. Wie eine Träne wurde sie vom italienischen Stararchitekten Barluzzi gestaltet. Im Innern der Kirche überrascht das große Fenster, durch das man einen herrlichen Blick auf Jerusalem genießt. An dieser Stelle denken die Pilger an die tiefste Traurigkeit Jesu, die ihn aufgrund des Nichtverstehens seines Volkes überfiel. Bei Lukas heißt es im 19. Kapitel: »Als er näher kam und die Stadt sah, weinte er über sie und sagte über sie: Wenn doch auch du an diesem Tag erkannt hättest, was dir Frieden bringt. Es wird eine Zeit für dich kommen, in der deine Feinde rings um dich einen Wall aufwerfen, dich einschließen und von allen Seiten bedrängen. Sie werden dich und deine Kinder zerschmettern und keinen Stein auf dem anderen lassen, denn du hast die Zeit der Gnade nicht erkannt.« An solcher Stelle und mit einem weiten Blick über die friedlose Stadt gewinnen diese Bibelworte an Bedeutung, sie werden gewissermaßen lebendig. Betroffen ziehen die Pilger von dannen und gehen auf den großen jüdischen Friedhof. Welch ein riesiges Gräberfeld! Dort ruhen die Größen aus der jüdischen Welt und warten auf das Kommen des Messias am Jüngsten Tag. Gemeinsam wollen sie mit ihm durch das Goldene Tor, das jetzt verschlossen ist, in die Stadt zum Tempelberg ziehen. Im Tal Joschafat soll dann das Große Weltgericht stattfinden. Da möchten sie schon dabei sein, deshalb haben sie sich diesen bevorzugten Ruheplatz teuer erkauft. Beim Verlassen des Friedhofs legen viele ein kleines Steinchen als Zeichen ihres Besuchs auf einen Grabstein. Immer steiler führt der Weg abwärts ins Tal, vorbei an der russischen Magdalenenkirche mit den sieben hübsch vergoldeten Zwiebeltürmchen. Nun ist man bald im Kidrontal und stößt auf eine Straße. Die Andacht der Pilger ist vorbei, denn hier werden sie regelrecht von Eisverkäufern und Postkartenhändlern überfallen. Links geht es zur »Kirche aller Nationen« und rechts hinter einer Mauer befindet sich ein verschlossener Garten, der sich aber für ein kleines Trinkgeld durchaus besuchen lässt. Er ist ein echter Geheimtipp. Hier können sich die Pilger einstimmen auf den Leidensweg Jesu. Wohltuende Ruhe und Stille. Man ist allein. Gott sei Dank! Ganz am oberen Gartenrand entdeckt man die Öffnung zu einer Kellerruine. Hier befand sich eine Ölkelter, daher der hebräische Name Gat-Schemani, »Ölkelter«. Eine halbrunde Sitzecke lädt ein zum Verweilen. Man liest die Schriftstelle, die von der Todesangst Christi berichtet, ganz bedächtig, versetzt sich 2000 Jahre zurück, schweigt, sieht die Kuppel des Felsendoms. Damals sah Jesus den viel höheren und schöneren Tempel, das Haus seines Vaters. Hier rang er, von allen Freunden und scheinbar auch von seinem Gott verlassen, um die die Frage nach dem »Warum?«. Ganz leise, kaum hörbar, stimmt jemand aus der Gruppe das meditative Taizélied an: »Bleibet hier, wachet mit mir, wachet und betet.« Die Jünger Petrus, Johannes und Jakobus haben

JERUSALEM

es damals nicht geschafft. Ihr Freund, gefangen in der Agonie, fand sie schlafend. Lange haben die Pilger dort unter den uralten Ölbäumen verbracht, dann verlassen sie diesen so spirituellen Ort und betreten die Kirche aller Nationen. Durch Alabasterscheiben fällt etwas Licht und taucht die Basilika in eine ganz besondere Stimmung. Vor dem Altar liegt der Todesangst-Christi-Felsen, der bei Ausgrabungen gefunden wurde und zu einer Vorläuferkirche aus dem 4. Jahrhundert gehörte. Dies ist also schon von alters her ein heiliger Ort. Ohne dass man es bemerkt hat, ist es schon Mittag geworden. Fladenbrot und arabischer Kaffee mit Kardamom in einer Imbissecke weckt die Lebensgeister. Zuvor ist man durch das Stephanustor in die Stadt eingetreten. Der Diakon Stephanus, der erste heilige Märtyrer, wurde vor den Toren der Stadt für sein Glaubenszeugnis gesteinigt. Dies ist kein Zufall – eine Hinrichtungsstätte musste sich immer außerhalb der Stadt befinden. So auch der Kalvarienberg, der heute in der Altstadt liegt, sich damals aber vor den Toren der Stadt befand.

Der Stein der Salbung ist für manche Pilger ein wichtiger Anlaufpunkt in Jerusalem.

Der christliche Pilgerweg durch die Altstadt Jerusalems

Wieder gedenken die Pilger Marias. Sie stehen an der St.-Anna-Kirche, dem Geburtshaus der Mutter Jesu. Hier lebten ihre Eltern: Anna und Joachim, der ein Priester am Tempel des Herrn war. Die Kirche, früher eine Ausbildungsstätte für die islamische Geistlichkeit, ist in schlichter Kreuzfahrerarchitektur erbaut und für ihre außergewöhnliche Akustik bekannt. Hier kann man einfach nur verweilen und singen. Die Melodien werden wie Weihrauchduft zum Himmel emporgetragen. In der verwinkelten Krypta stellen einige schöne Ikonen die Geburt Mariens dar. Beim Verlassen dieses Gotteshauses sieht man rechts die Ausgrabungen des Bethesda-Teichs. Die Bibel erzählt, dass dort Jesus an einem Sabbat einen Gelähmten heilte, indem er sagte: »Steh auf, Dein Glaube hat Dir geholfen.« Ob er später bei seinem Leidensweg, als die Last des Kreuzes ihn im wahrsten Sinn des Wortes in den Dreck warf, daran gedacht hat: »Steh auf, bleib nicht liegen!« Aber zuvor war Jesus nach römischem Recht in einem

Die Via dolorosa führt durch die Altstadt Jerusalems.

politischen Prozess zum Tod am Kreuz verurteilt worden – nach jüdischem Recht wäre er in einem religiösen Prozess gesteinigt worden. Sein Verhör, die Verurteilung und die Geißelung geschahen im Prätorium der Burg Antonia. Heute befindet sich in dem Gebäude eine Schule. Die Franziskaner gedenken dieser Ereignisse an zwei kleinen Kapellen. Als Pilger nimmt man dort ein Holzkreuz in Empfang, jemand aus der Gruppe schultert es und man geht auf die Straße hinaus, die via dolorosa heißt, die »Straße der Schmerzen«.

Neugierige Blicke sind auf die kleine Pilgergruppe gerichtet, die sich nicht von den Straßenhändlern ablenken lassen möchte. Bewusst wollen sie den Weg Jesu nachgehen, den er vor 2000 Jahren gegangen ist, wohl wissend, dass es keine genaue Beschreibung über den Verlauf der Straße gibt. Japanische Fotografen stören mächtig, da sie unbedingt ein Foto schießen wollen. Die einzelnen Kreuzwegstationen sind oftmals nur schwer im Gewühl der Menge und im Budengewirr des bunten und quirligen Basars auszumachen. An jeder ausgewiesenen Kreuzwegstation halten die Pilger, verneigen sich tief und beten miteinander. Das Kreuz wechselt den Träger, jeder hat seinen ganz persönlichen Grund, es zu tragen. Ab und zu laufen Kinder herbei und berühren mit der Hand das Kreuz. Man spürt, dass der Kreuzweg nicht feierlich ist wie in vielen Kirchen, sondern dass der verurteilte Jesus eilig durch die johlende Menschenmenge geprügelt wurde, denn das höchste Fest der Juden, Passah, nahte und die Stadt war voll von Pilgern und Festtagsbesuchern. Der Weg wird jetzt steiler, das Gedränge dichter. Gut, dass es ab und zu eine kleine Stationskapelle gibt, damit man ein wenig ausruhen kann ohne bedrängt zu werden. Aber der Weg muss weitergegangen werden. »Steh auf«, hat Jesus gesagt. Als dann ein kleiner Bengel an einer Wegbiegung das Kreuz anspuckt und auch die Pilger trifft, da wissen es alle: Der Weg ist das Ziel. Man ist im Unterwegssein »angekommen«. Man wird als Christ erkannt. Über das Dach der Grabeskirche steigen die Pilger durch enge Kapellen afrikanischer Kirchen zum Portal der bedeutendsten Kirche der Christenheit: zur Grabes- und Auferstehungskirche (»Anastasis«). Gefühle werden auf den Gesichtern der Pilger lebendig: Das soll sie sein, diese heilige Kirche? Hineingezwängt zwischen anderen Altstadtbauten, verwinkelt und verwirrend? Ein Doppeltor, halb zugemauert. Überall im Innern Nischen, Winkel, Kapellen, Lampen, Ikonen, Wandmosaike, Treppen und Altäre. Und trotzdem: Das ist Golgotha, authentischer Boden, denn zur Zeit Jesu befand sich hier außerhalb der Stadt ein Steinbruch, die Hinrichtungsstelle und eine Grabanlage. Jetzt ist alles unter einem Dach. Man geht die sehr steile Treppe hinauf, steht vor dem Kreuz, betet – soweit es die Menschenmenge zulässt –, bückt sich ganz tief unter den Altar und berührt durch eine Öffnung den nackten Felsen. Ein orthodoxer Mönch bietet Kerzen an, einige aus der Gruppe weinen, alle sind tief betroffen. Man ist angekommen auf dieser Pilgerreise, darf aber nicht stehen bleiben, denn sonst wäre der Glaube sinnlos, wie Paulus schreibt, sondern man steigt wieder hinab, mehr geschoben als freiwillig, um das Grab Jesu zu besuchen. Das ist das Eigentliche unseres Glaubens: Christus ist auferstanden. An Ostern singt es der orthodoxe Patriarch von Jerusalem ganz laut, wenn er mit dem brennenden Osterlicht aus der Grabkammer herauskommt »Christos woskresse« (»Christus ist erstanden«), und die österlich versammelte Menge antwortet: »Er ist wahrhaft auferstanden.« Auch die Pilger gehen in dieses wuchtige Grab hinein, das originale Felsengrab wurde im Jahr 1009 durch Moslems zerstört. Aber die Archäologen sind sich einig, dass das heutige wuchtige Grab der tatsächliche Bestattungsort Jesu ist. Warum die Wissenschaftler da so sicher sind? Im Jahr 135 n. Chr. wurden nach dem 2. jüdischen Aufstand unter dem Anführer Bar Kochba alle Juden aus Jerusalem vertrieben. Ab sofort hieß die Stadt »Aelia Capitolina« und war eine römische Kolonialstadt. Jedem Juden war es bei Todesstrafe verboten, sie zu betreten. Über dem Grab und dem Felsen Golgotha ließ der römische Kaiser Hadrian Geröll aufschütten und einen Venustempel errichten, um die Verehrung der heiligen Stätten auf Dauer zu verhindern. Somit konservierte er diese wichtigen Plätze für die christliche Nachwelt. Ein besonderer Tipp für Pilger ist die hinter dem Grab gelegene syrische Kapelle. Ein halbrunder unansehnlicher Ort voller Staub, Geröllfußboden, keine Bilder, ein halb zerfallenes Kreuz, aber mit Graböffnungen, in die man hineingehen kann. So hat der Besucher eine Vorstellung und einen Beweis, dass sich hier tatsächlich eine Grablege befand. Und genau in dieser dreckigen Kapelle stimmen die Pilger miteinander das Lied »Christ ist erstanden« an. Aus allem Schutt und Dreck hat dieser Jesus uns durch seine Auferstehung zum neuen Leben befreit. Dankbar verlässt man die »Kirche aller Kirchen« und schon umfängt einen wieder der Lärm des Basars mit seinen Gerüchen und Geräuschen, seinen Händlern und geprügelten Eseln.

Pilgerweg zu weiteren heiligen Stätten

Am darauffolgenden Tag steht für die Pilger der Zionsberg auf dem Programm. »Freue dich, Tochter Zion, jauchze, Tochter Jerusalem«, so heißt es im alttestamentlichen Psalm. Man verlässt die Altstadt Jerusalems durch das Zionstor. Das Ziel ist der Abendmahlssaal und die Dormitio-Abtei auf dem Berg. Schwitzend steht man zunächst vor einem Gebäude, in dem sich im unteren Bereich das Davidsgrab befindet, im Obergemach darüber liegt der Abendmahlssaal. Über Treppen gelangt man zu einer Plattform mit einem Minarett. Drei Religionen in einem Haus, dazu noch in chronologischer Abfolge! Das Davidsgrab zeigt einen Kenotaph (leeres Grabmal zu Ehren eines Toten), der Abendmahlssaal, oder auch Coenaculum genannt, erinnert an große christliche Ereignisse: Fußwaschung, Einsetzung der Eucharistie, Zweifel des Thomas, Pfingsten, Apostelkonzil. Das Gebäude stammt aus der Kreuzfahrerzeit. Zeitweilig diente diese heilige christliche Stätte auch als Moschee, wie unschwer im Raum zu erkennen ist. Bis heute darf in dem Coenaculum kein christlicher Gottesdienst gefeiert werden, nur Gebete und Lieder sind erlaubt.

Unweit des Abendmahlssaals steht die sehr schöne Kirche mit dem Titel »Maria Heimgang«, Dormitio. Traditionell feiert man an diesem Ort die Entschlafung Mariens. Das Grundstück der Kirche wurde von Kaiser Wilhelm II. erworben und dem Deutschen Verein vom Heiligen Land geschenkt. Heute leben auf dem Zionsberg deutsche Benediktiner unter ihrem Abt Benedikt Lindemann. Sie betreuen Pilger, betreiben ein Gästehaus, pflegen ökumenische Kontakte, kümmern sich um Behinderte, unterhalten ein theologisches Studienseminar und suchen den Austausch zwischen Palästinensern und Israelis. Ein wahrer Friedensdienst am Rande einer friedlosen Stadt. Aber die Pilger drängt es weiter zur Kirche des Hahnenschreis. Im Neuen Testament liest man von dem Verrat des Petrus. Verschiedene Funde sprechen dafür, dass hier das Haus des Hohen Priesters Kajaphas gestanden hat. Eine alte Stufenstraße führt von dieser Kirche hinab zum Siloahteich. Vermutlich ist Jesus über diese Stufen gegangen, als er mit seinen Freunden in der Nacht des letzten Mahls in die Dunkelheit aufbrach. Oder ist er mit gebundenen Händen von Kajaphas aus zum Prätorium gebracht worden? Bewusst folgen die Pilger diesen Steinstufen ins Tal. Auch ein Pilgerpfad. Und was für einer! Ein Kleinbus fährt die Pilger noch auf den Ölberg hinauf, um die Himmelfahrtskirche zu besuchen. Somit schließt sich der Kreis. Die Apostelgeschichte erzählt von dem Abschied Jesu von seinen Jüngern – den Stein mit dem Fußabdruck Jesu lassen die Pilger unbeachtet – und hören lieber, was Lukas in diesem Zusammenhang erwähnt: »Dann kehrten sie in großer Freude nach Jerusalem zurück.« Genau das Gleiche machen auch sie nach einem anstrengenden Pilgertag.

Nichtchristliche Pilgerorte in Jerusalem

Man kann nicht nach Jerusalem fahren, ohne an der Westmauer gestanden zu haben oder auf dem Tempelberg gewesen zu sein. Die nichtchristlichen Wallfahrtsorte sind auch für die christlichen Pilger wichtig. Beweggründe sind unter anderem das Interesse an der jüdischen Religion und die Solidarität mit dem israelischen Volk. So gehört auch ein Besuch in Yad Vashem, dem Gedenkort des Holocausts, zum Pflichtprogramm einer Pilgerreise im Heiligen Land. Als männlicher Katholik nimmt man beim Betreten einer Kirche die Kopfbede-

JERUSALEM

ckung ab. Im Judentum ist das genau umgekehrt: An heiligen Stellen legen Männer aus Ehrfurcht eine Kippa auf den Kopf, ein gestricktes oder aus Karton gefertigtes Käppchen. So auch an der Klagemauer, die von den Juden lieber Westmauer genannt wird. Nach strengen Sicherheitskontrollen – wie am Flughafen – betritt man den weiten Platz, den Mosche Dajan mit seinen Bulldozern während des 6-Tage-Krieges geschaffen hat, und steht vor dieser berühmten Mauer, Reste der Stützmauer des Tempelbergs. Viele Menschen sind dort, die Männer in der Regel schwarz gekleidet mit ihren langen Mänteln und dem breitkrempigen Hut auf dem Kopf. Schläfenlocken und Gebetsriemen weisen sie als orthodoxe Juden aus. Sie stehen dicht vor der Mauer und bewegen sich rhythmisch, weil es in den alten Schriften heißt: »Du sollst den Herrn, Deinen Gott, anbeten mit allen Sinnen und Knochen.« Fein säuberlich getrennt treten Männer links zur Mauer vor, während die Frauen rechts beten. Jüdische Regeln sagen, dass die Männer in ihrem Gebet nicht von den Frauen abgelenkt werden sollen. Auch Kinder sind dabei. Nach dem Gebet treffen sich die Familien wieder auf dem freien Platz, begrüßen Freunde und alte Bekannte. Manche von ihnen haben zwischen die riesigen Quader, die aus der Zeit des zweiten Tempels stammen, ein zusammengefaltetes Papier mit einer Bitte gesteckt. Übervoll sind die Ritzen der Mauer mit diesen Fürbittzetteln. Heute erreichen diese Mauer auch Faxe und E-Mails mit Gebetswünschen aus aller Welt. Plötzlich kommt eine festlich gekleidete Männergruppe aus dem anliegenden Gebetsraum, der auch ein Teil der Mauer ist, laut singend und tanzend. In der Mitte trägt ein Junge ein kostbar verziertes Behältnis. Es ist der Thora-Schrein, in dem sich das Gesetz der Juden, die Thora, befindet. Dieser Junge hat soeben seine Religionsmündigkeit gefeiert, die Bar Mitzwa. Man erinnert sich an den zwölfjährigen Jesus im Tempel, der auch eine solche Feier beging.

Als die Pilger die Westmauer besuchten, hatten sie ein besonderes Erlebnis: Ihr Pilgerabzeichen ist ein runder grüner Button, der in der oberen Hälfte die Menora, den siebenarmigen Leuchter zeigt, der für den ersten Bund Gottes mit den Menschen steht, für das Alte Testament. Darunter befindet sich ein Fisch, das Zeichen des zweiten Bundes Gottes mit den Menschen, für das Neue Testament. Der Fisch war das Geheimsymbol der Jesusbewegung, als es zu Zeiten der Christenverfolgungen schwer war, sich als Jüngerin oder Jünger zu Jesus zu bekennen. Auf Griechisch heißt Fisch Ichthys und wenn man mit jedem Anfangsbuchstaben des Wortes Ichthys ein neues Wort bildet, kann man daraus einen Satz formulieren, der ein Glaubensbekenntnis ist: »Jesus Christus, Sohn Gottes, Retter.« Mit einem solchen Abzeichen an der Kleidung, ausgerüstet mit der Kippa auf dem Kopf, wollen die Pilger den Platz vor der Westmauer betreten und auch ihre Brieflein an den lieben Gott den Mauerritzen anvertrau-

JERUSALEM

en. Da aber kommt ein schwarzgewandeter orthodoxer Jude auf sie zu und verweist sie des Platzes mit den Worten: »Weg hier, ihr seid Christen.« Der Button hätte sie aufgrund seiner Gestaltung mit Menora und Fisch aber auch als Juden ausweisen können. Es kommt also doch auf den »richtigen« Blickwinkel an. So ziehen sich die Pilger höflich rückwärtsschreitend zurück, denn der Westmauer zeigt man nicht den Rücken.

Es ist schwer, auf den Tempelberg zu gelangen. Die moslemische Behörde öffnet den Zugang nur ganz unregelmäßig und häufig ohne Vorankündigung. Manche haben Glück und können das Plateau betreten. Ein eigenartiges Gefühl umfängt die Pilger: Das ist er also, der heiligste Ort der Juden, der drittheiligste Platz für die Moslems und für uns Christen die Stelle,

Der Felsendom in Jerusalem im gleißenden Licht der Sonne

JERUSALEM

an der Jesus oft im Tempel lehrte, die Händler vertrieb und mit den Schriftgelehrten diskutierte. Man hat Verständnis dafür, dass sich jemand die Schuhe auszieht, denn hier ist wirklich heiliger Boden, hier stand früher das Allerheiligste. Man begreift etwas von der Sehnsucht der Juden, hier wieder einen Tempel zu erbauen. Es wäre der dritte Tempel, aber zuvor müssten die Moslems den Felsendom entfernen. Unmöglich. Ein nicht lösbares Problem. Ein kurzer Besuch des heutigen Parlamentsgebäudes, der Knesseth, und schon steht man vor der Menora, dem siebenarmigen Leuchter. Es ist das Staatswappen Israels seit der Gründung im Jahr 1948. Für Pilger ist er das Zeichen für den ersten Bund Gottes mit den Menschen. Früher sagte man dazu Altes Testament. Zu allen Zeiten ist Gott den Menschen durch Höhen und Tiefen gefolgt und hat ihnen seinen Bund angeboten. In seinem Land, dem Heiligen Land, kann man es spüren, dass ER da ist, dass er mit uns geht und dass sein Name »Ich-bin-der,-für-Euch-da-sein-will« ein richtiges Lebensprogramm ist. Nicht nur für Pilger. Am Flughafen reicht mir dann mein israelischer Freund Ilan die Hand mit dem alten Pilgerwunsch »Nächstes Jahr in Jerusalem.« Wie recht er doch hat.

INFORMATIONEN FÜR DEN PILGER

Jerusalem
Heilige Stadt der Juden, Christen und Moslems, Hauptstadt und größte Stadt Israels (rund 720 000 Einwohner); eine der ältesten Städte der Welt und zentraler Wallfahrtsort; Ort der Leidensgeschichte von Jesus Christus; Jerusalem wird circa 800-mal in der Bibel erwähnt.

Sehenswürdigkeiten
• Altstadt (UNESCO-Weltkulturerbe seit 1981)
• Grabeskirche
• Via dolorosa
• Klagemauer
• Tempelberg
• Felsendom
• Al-Aqsa-Moschee
• Erlöserkirche
• Ölberg
• Himmelfahrtskirche
• Kirche der Nationen
• Mariengrab

Besondere Veranstaltungen
• Rosch-ha-schana (Neujahr)
• Passah (Auszug aus Ägypten)
• Schavuot (Pfingsten)
• Sukkot (Laubhüttenfest)
All diese Feste basieren auf dem jüdischen Kalender und verändern sich jährlich.

Weitere Infos
Englischsprachige Homepage:
www.jerusalem.muni.il

KEVELAER

ZU FUSS ZUR GNADENKAPELLE

Jeder Pilgerort hat seine eigene Atmosphäre, jede Wallfahrt ihre eigene Faszination. Kevelaer hat eine lange Tradition als Wallfahrtsort. Seit mehr als 360 Jahren pilgern die Menschen in das kleine Städtchen am linken Niederrhein, bevorzugt zu Fuß, aber auch mit dem Bus, dem Zug oder dem Motorrad. Etwa 800 000 Besucher kommen jährlich in den Marienwallfahrtsort. Die Pilgerzeit beginnt jedes Jahr mit der Eröffnung des Pilgerportals der Basilika am 1. Mai und endet am 1. November.

Es ist Samstag, und um vier Uhr schellt der Wecker. Eine »unchristliche« Zeit, aber heute findet die Fußwallfahrt des Dekanats Duisburg-Hamborn nach Kevelaer statt. Bereits um fünf Uhr ist Pilgermesse in der Abteikirche St. Johann. Die Gläubigen haben sich gut ausgestattet für den langen Weg: Ein Rucksack mit Verpflegung, Wandersocken und Wanderschuhe. 50 Kilometer ist die Strecke lang und manche hoffen, dass es dieses Mal keine Blasen an den Füßen gibt. Es ist eine ganz besondere, weil ungewohnte Atmosphäre, frühmorgens in einer Kirche zu sitzen und die Heilige Messe zu feiern. Viele Pilger kennen sich seit Jahren aus der Gemeinde- und Jugendarbeit, haben schon Freizeiten und Urlaube miteinander verbracht. Eine Wallfahrt aber ist immer etwas ganz Besonderes, einfach ein einmaliges Ereignis – schön, dass es sich jedes Jahr wiederholt. Einige haben den Weg nach Kevelaer schon 30- oder 40-mal bewältigt, für andere ist es eine Premiere. Immer wieder kommen neue Gesichter hinzu, neben den älteren gibt es auch viele junge Pilger, die die Gemeinschaft suchen und das außergewöhnliche Erlebnis genießen wollen. Man spürt schon bei der Messe am frühen Morgen die Erwartung auf den Tag und die Freude auf eine Fußwallfahrt, die so gar nicht in unsere hektische Zeit zu passen scheint. Im Jahr 2004 fand die 225. Wallfahrt des Dekanats Hamborn zur Muttergottes, der »Trösterin der Betrübten«, nach Kevelaer statt. Die Messe endet mit dem Schlusssegen, dann folgt eine letzte Stärkung mit Kaffee und pünktlich um sechs Uhr setzen sich 400 Füße in Bewegung, 50 Kilometer Weg vor sich.

Die Fußwallfahrt von Duisburg nach Kevelaer gehört zu den traditionsreichsten Wallfahrten und ist natürlich nur eine von vielen. In zahlreichen Städten und Gemeinden des nördlichen Ruhrgebiets, des Niederrheins und der grenznahen Niederlande starten die Pilger zu ihren

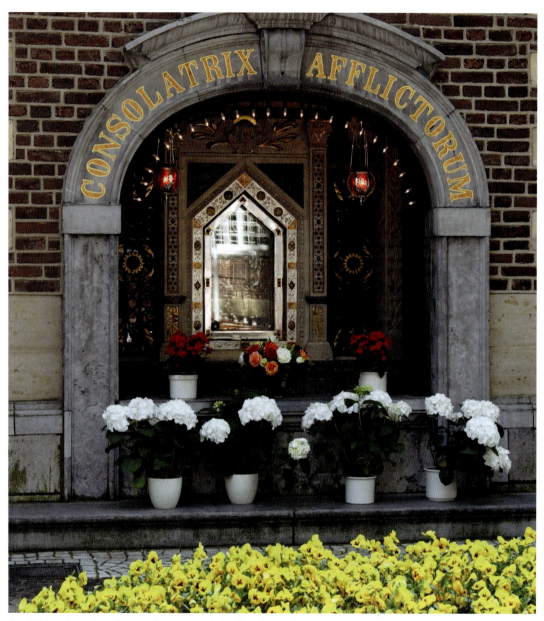

Der Bildstock von Kevelaer ist der zentrale Anlaufpunkt für die Pilger.

KEVELAER

alljährlichen Wallfahrten. Darüber hinaus gibt es hier wie auch an anderen Wallfahrtsorten Pilgertouren für spezielle Gruppen. Ein besonderes Spektakel ist die Wallfahrt der Motorradfahrer. Seit 1985 treffen sich jährlich im Juli Tausende von Bikern mit ihren schweren Maschinen unter dem Motto »Pray 'n' Ride« in Kevelaer. Die Motorradfahrer-Wallfahrt ist mittlerweile ein fester Bestandteil des Pilgerortes. Es ist ein beeindruckendes Erlebnis, die dröhnenden Maschinen in den alten Stadtkern einfahren zu sehen. Wichtig ist den Bikern die »Erfahrung des Christseins in der und durch die Gemeinschaft der gleichgesinnten Motor-

DER KAUFMANN UND MARIA

1641 hörte der Kaufmann Hendrick Busman dreimal den Aufruf: »An dieser Stelle sollst Du mir ein Kapellchen bauen.« Bevor das Pfingstfest 1642 kam, hatte seine Frau Mechteldt eine Vision: Sie sah in einem Licht ein Heiligenhäuschen und darin ein Marienbild von »Unserer lieben Frau«. Sie erzählte ihrem Mann, dass Soldaten ihr tags zuvor ein solches Bildchen zum Verkauf angeboten hätten, ihr aber der Preis zu hoch erschien. Ihr Mann bat sie, das Bild zu beschaffen, das mittlerweile in den Händen von Leutnant von Machwitz war, der in Kempen gefangen war. Sie ging zu dem Leutnant, um das Bild zu erbitten. Zunächst wurde es in Geldern aufbewahrt, dann aber in das Heiligenhäuschen gestellt, das Busman mittlerweile in der Form errichtet hatte, wie es seine Frau in ihrer Erscheinung gesehen hatte. Schon am gleichen Tag kamen viele Menschen zu diesem Ort, um das Bild zu verehren. Es wird von mehreren Wundern berichtet, die geschehen sind. Durch die wundersamen Begebenheiten, die sich rund um das Bildchen im Laufe der Zeit ereigneten, stieg die Zahl der Gläubigen, die dorthin pilgerten,

immer weiter an. Busman und seine Frau legten ein Zeugnis ihres Glaubens mit einer Inschrift im Sokkel des Bildstocks ab. Sie ist unter einem Wappenschild noch heute zu sehen.

70

radfahrer«, so heißt es in einer Präambel des Vereins der Motorradfahrer-Wallfahrt Kevelaer. 2005 haben sie ein Biker-Memorial als Mahnmal und Gedenkstätte für die im Straßenverkehr verunglückten Motorradfahrer eingeweiht. Neben den Bikern entdecken immer mehr Jugendliche den Pilgerort für sich – sei es im Rahmen von Fußwallfahrten oder anderen Veranstaltungen, die unter anderem von der Jugend-Wallfahrt Kevelaer organisiert werden.

Auf dem Weg von Duisburg nach Kevelaer

Nach der Messe machen die Duisburger Pilger sich auf ihren langen Weg nach Kevelaer. Zum Glück kümmern sich die Malteser um Pilger mit Fußleiden oder anderen gesundheitlichen Problemen und begleiten die Gruppe mit dem Auto. Ein Bus, der sogenannte Staubsauger, wird ab Orsoy hinter den Pilgern herfahren, manchmal auch voraus, um die, die nicht mehr laufen können, mitzunehmen. In den Häuserschluchten in Hamborn und Marxloh wird noch nicht laut gebetet und gesungen, da die Nachtruhe der Anlieger nicht gestört werden soll. Es stoßen immer wieder Menschen zu der Gruppe. An der Kirche St. Peter warten die letzten Pilger und die lange Schlange der Gläubigen zieht Richtung Rhein zur Fähre nach Orsoy. Man lässt die Stadt hinter sich. Der majestätisch dahinfließende Strom erwartet die Pilgergruppe. An seinen Ufern sieht man Industrieanlagen, aber auch Wiesen, Bäume und ein paar Angler, die sich zu früher Stunde eingefunden haben.

Auf der Fähre wird traditionell das Lied »Geleite durch die Wellen« gesungen, die Rheinatmosphäre und die immer ländlicher werdende Umgebung vermitteln eine besondere Ruhe und Gelassenheit. Weit weg ist der Stress des Alltags. Und doch gibt es Probleme: Jemand bezweifelt, dass man das hohe Lauftempo bis zum Schluss durchhalten könne. Er wird eines Besseren belehrt. Immer wieder gehen die Stäbe nach oben, die anzeigen, dass nun gesungen oder gemeinsam gebetet wird. Dann hört man den Vorbeter durch die Mikrofonanlage und 200 Menschen beten für Frieden, soziale Gerechtigkeit und für die Menschen daheim und auf der Welt. Und immer wieder natürlich das Rosenkranzgebet, in das man sich meditativ hineinbeten kann, erst recht beim gleichförmigen Wandern, auch wenn bei dem einen oder anderen der Schuh drückt. So wird das Laufen zum Beten und das Beten zum Laufen, Kilometer für Kilometer. Jeder nimmt seine Sorgen und Nöte mit, um sie vor Maria zu bringen. Jeder nimmt aber auch seine Freuden mit, um dafür zu danken.

In der sogenannten »Wüste« hinter Alpen wird für etwa drei Kilometer geschwiegen. Es ist gar nicht so leicht, eine so lange Zeit in einer großen Gruppe zu schweigen, die Beine und

KEVELAER

Das Innere der Basilika: ein Raum, in dem der Pilger Ruhe und Geborgenheit findet

Füße spürt man deutlicher als beim Gespräch oder beim gemeinsamen Singen und Beten. Viele Gedanken werden jetzt spürbar, erfassen den ganzen Menschen. Nach der letzten Pause in Winneckendong sieht man schon bald den Kirchturm der Marienbasilika von Kevelaer. Vielen scheint es so, als komme man ihm nicht näher. Die letzten Kilometer werden lang, die Beine schmerzen, aber die Freude, es bald geschafft zu haben, spornt noch einmal an. Wenn man aber dann nach 50 Kilometern Fußweg die Hauptstraße zur Gnadenkapelle entlang geht, ist man zufrieden, dass man es geschafft hat und betet dankbar »Gegrüßet seist du Maria« für die guten Gespräche und die Zeiten der Stille für sich selbst.

Wallfahrer am Kapellenplatz

Der Kapellenplatz im Herzen Kevelaers ist übersichtlich, die Pilgerwege zu den Kapellen und Kirchen nah beieinander, allen voran die kleine Gnadenkapelle mit dem unscheinbaren, nur 110 x 75 Millimeter großen Bild der Luxemburger Madonna »Consulatrix Afflictorum« – »Trösterin der Betrübten«. Sie ist das Ziel der Pilger, die ihre Sorgen und Freuden vor die Gottesmutter bringen. Es zieht die Pilger damals wie heute immer zuerst zu dem sechs-eckigen Barockbau, der 1654 errichtet wurde. 1888 wurde das Dach wiederhergestellt und das Kuppelgewölbe mit seinen Stuckleisten neu eingezogen. Ende des 19. Jahrhunderts

KEVELAER

wurde die Kuppel mit Bildern aus dem Leben Mariens ausgemalt, 1895 wurde der Fußboden nach Psalm 24,2 gestaltet: »Wie der Hirsch lechzt nach frischem Wasser, so lechzt meine Seele, Gott, nach dir.« Die Kerzenkapelle ist ein Ergebnis des anhaltenden Pilgerstroms. Da ihre Zahl nach der endgültigen Fertigstellung des Heiligenhäuschens immer größer wurde, entstand schon bald eine Wallfahrtskirche. Hier erhoffen sich Pilger bis heute Hilfe, tragen ihre Freude und Dankbarkeit in den Kerzen und Täfelchen hierher, weil ihre Hoffnung auf Maria und damit Gottes Liebe und Hilfe ruht. Täglich wird in der Kirche mit dem barocken Hochaltar und der Kanzel aus dem 17. Jahrhundert die Vesper gebetet, und die Bruderschaft der »Consolatrix Afflictorum« sorgt für das gesungene Magnificat: »Meine Seele preist die Größe des Herrn …« Außen an der Kapelle brennen unzählige kleine Kerzen.

Der Turm der nahen Marienbasilika ragt 93 Meter in den Himmel. Sie entstand, als immer mehr Menschen nach Kevelaer strömten und eine größere Kirche als die Kerzenkapelle nötig wurde. So wurde in der Zeit von 1858 bis 1864 die Basilika aus rund sechs Millionen Ziegelsteinen errichtet. Wegen des Mangels an Geld wurde der Turm nicht sofort, sondern erst später vollendet. Besonders beeindruckend ist die Bilderbibel in Gemälden. An die Basilika schließen sich drei Beichtkapellen an, die den zum Kapellenplatz offenen Brunnenhof bilden. Dies und noch viel mehr können die müden Pilger in Kevelaer erleben und vor allem die gemeinsame Erfahrung, einen langen Weg bewältigt zu haben.

INFORMATIONEN FÜR DEN PILGER

Kevelaer
Marienwallfahrtsort in Nordrhein-Westfalen im Landkreis Kleve nahe der deutsch-niederländischen Grenze (rd. 28 000 Einwohner)
Sehenswürdigkeiten
Kapellenplatz mit
• Basilika
• Gnadenkapelle
• Kerzenkapelle
• Sakramentskapelle

• Johanneskapelle
• St.-Antonius-Kirche
• Kreuzweg
Besondere Veranstaltungen
• Juli: Motorradfahrer-Wallfahrt
• Jugend-Wallfahrt
Weitere Infos
www.wallfahrt-kevelaer.de
www.ijw.de
www.motorrad-wallfahrt.de

LOURDES

DARF EINE HEILIGE LÜGEN?

Lourdes, die kleine Stadt im Vorgebirge der Pyrenäen ist für jeden Pilger ein unvergessliches Erlebnis. Viele Wege führen zum Wallfahrtsort und viele Wege gibt es in Lourdes, u.a. im heiligen Bezirk. Die Pilger strömen aus zahllosen Ländern in den Ort, der durch die Erscheinungen der Bernadette Soubirous Weltberühmtheit erlangte.

Kleine Sünden belohnt der liebe Gott sofort – oder stimmt das nicht? Es scheint aber Beweise dafür zu geben. Zum Beispiel im Fall des 14-jährigen Mädchens Bernadette Soubirous aus dem damals unbedeutenden französischen Pyrenäenort Lourdes mit der gewaltigen Burg, in der eine Infanteriegarnison untergebracht war. Das kleine Mädchen erlebte vor 150 Jahren etwas Außergewöhnliches: 18-mal erschien ihr in der Felsenhöhle Massabielle, dem Schuttabladeplatz von Lourdes, eine Lichtgestalt, die sich in der 16. Begegnung als die Unbefleckte Empfängnis offenbarte. Hier berührten sich Himmel und Erde auf eindrucksvolle Weise, hier geschah etwas, das für Millionen Menschen zum Symbol und zur Hoffnung werden sollte. Doch bevor es dazu kam, bedurfte es dieser klitzekleinen Lüge: Bernadette war wenige Wochen zuvor von Lourdes zu ihrer Patentante Marie Bernard nach Bartres gezogen, um Schafe zu hüten. Sie wollte die Eltern entlasten, die völlig verarmt im Cachot, dem »elenden Loch«, wohnten. Es war ihr größter Wunsch, die erste heilige Kommunion zu empfangen. Aber dazu bedurfte es einer gründlichen Vorbereitung, die nur in Lourdes möglich war. Also musste eine Lüge her. Bernadette behauptete, der Pfarrer habe sie zur Kommunion zugelassen und sie müsse wieder nach Lourdes. Keiner bemerkte den Schwindel, der sie am 21. Januar 1858 wieder nach Lourdes brachte.

Es war ein Donnerstag, und wie so oft hatte Familie Soubirous kein Feuerholz, um den Kamin, der zugleich Heizung und Herd war, anzuzünden. So machte sich Bernadette mit ihrer Schwester Toinette und einer Freundin namens Baloume auf den Weg, die Stadt hinunter zum Fluss Gave. Dort mündete der Mühlbach, der einige kleine Wassermühlen des Ortes – früher auch die Mühle des Vaters – antrieb, in den Gave. An genau dieser Stelle war auch gewissermaßen der Müllplatz der Stadt, der Felsen Massabielle, dreckig, schwarz und unheimlich. Von oben kippten die Tagelöhner des Krankenhauses, zu denen zeitweilig auch Vater Soubirous zählte, die gebrauchten Mullbinden mit all den Keimen und Bazillen hinunter, der Fluss lieferte weiteren Unrat, der mit jedem Hochwasser angeschwemmt wurde: Holz, Äste, Knochen und Bretter. Genau das suchten die Kinder. So zog sich Bernadette ihre Strümpfe aus, es war mitten im Winter am 11. Februar 1858, um den kleinen Mühlbach zu durchqueren. Und das mit ihrem Asthmaleiden. Da hörte sie plötzlich ein Geräusch, einem heftigen Windstoß nicht unähnlich. Interessiert schaute sie in die Richtung dieses Geräuschs und konnte nicht glau-

Ein besonderes Erlebnis ist die Lichterprozession vor der beeindruckenden Rosenbasilika.

• • • LOURDES • • •

ben, was sie da sah: Da stand in einer Nische in hellem Licht ein wunderschönes Mädchen, sicherlich nicht älter als 14 Jahre, weiß gekleidet mit einem blauen Gürtel und auf jedem Fuß eine gelbe Rose. Sofort, eher erschrocken als geplant, griff Bernadette nach ihrem Rosenkranz. Die Erscheinung bekreuzigte sich auch und betete mit ihr den Rosenkranz, ohne die Lippen zu bewegen. Als die letzte Perle durch die Hand geglitten war, entschwand die Lichtgestalt unvermittelt. Spontan fragte Bernadette die beiden anderen Mädchen, ob auch sie etwas gesehen hätten. Doch diese verneinten. Aber die Mädchen ließen nicht locker und auf ihr Drängen hin erzählte Bernadette von ihrer Vision. Somit hatten sie miteinander ein Geheimnis und vereinbarten darüber Stillschweigen. Aber wie Kinder nun mal sind, kam diese erstaunliche Geschichte am abendlichen Kaminfeuer durch Toinette doch zur Sprache. Der Vater tobte, die Mutter schimpfte und beide verboten Bernadette in aller Dringlichkeit, nochmals zum Felsen zu gehen. Aber der heimliche Wunsch und der innere Drang nach einem neuen Wiedersehen mit der »schönen Dame« war zu gewaltig, und so eilte Bernadette am Sonntag, es war der 14. Februar, wieder zu diesem unwirtlichen Ort. Das Geheimnis von Lourdes nahm seinen Lauf...

Kraftquelle für Millionen Pilger

Heute ist Lourdes der wohl berühmteste Marienwallfahrtsort der Welt, eine Quelle der Hoffnung und Inspiration. Für viele ist er so etwas wie die heimliche Hauptstadt Frankreichs. Neben Paris hat dieser Pyrenäenort die zweithöchste Übernachtungszahl. Jährlich kommen über sechs Millionen Pilger und Besucher nach Lourdes – unter ihnen sind, nach vorsichtigen Schätzungen, 100 000 Kranke und Behinderte. Nicht nur die Hoffnung auf Heilung oder Linderung der Schmerzen, nicht nur die Hoffnung auf ein Wunder treibt die Pilger an. Es ist das spirituelle Erlebnis der Gemeinschaft, das Beten und Singen in der Gruppe, die Faszination eines einzigartigen Ortes, der innere Kraft vermittelt und Hoffnung gibt.

Wasser hat in Lourdes eine besondere Bedeutung.

76

■ ■ ■ ■ LOURDES ■ ■ ■ ■

Die Kranken und Gebrechlichen sind die Lieblinge von Lourdes, sie werden bevorzugt behandelt. Mit ihren Rollstühlen und ihren Krankenwägelchen haben sie überall Vorfahrt. Ein breiter roter Streifen auf dem Asphalt ist ihre »Autobahn«. Liebevoll umsorgt werden sie von Freiwilligen, den Hospitaliers, den Bruderschaften im Krankendienst. Oftmals aber auch von Jugendlichen, die einen Teil ihres Urlaubs opfern und auf eigene Kosten nach Lourdes kommen, um zu helfen, zu pflegen und sich Zeit zu nehmen für die Kranken. Sie schieben die Rollstühle zur Grotte und zu den Prozessionen, zu den Gottesdiensten und zur Krankensegnung, die am Ende der eucharistischen Nachmittagsprozession stattfindet. Jeden Morgen in der Frühe um sechs Uhr versammeln sie sich an der »gekrönten Madonna«, dem Treffpunkt im heiligen Bezirk, um mit Gott durch die Fürsprache Mariens den nicht leichten Krankendienst zu beginnen.

Viele Kranken erhoffen sich Heilung von ihren körperlichen Gebrechen, manche suchen Trost und geistliche Hilfe, einige wollen heraus aus einem tristen Alltag und einfach mal an einem so besonderen Ort sein. Manche sind neugierig, viele suchen Gemeinschaft und finden sie dort wirklich bei den täglichen großen Treffen. Niemand ist aufgrund seiner Gebrechen ausgeschlossen, jeder ist eingeladen, Teil der Gemeinschaft zu sein. Wie ergreifend ist es immer wieder, wenn eine Gruppe Kranker im Rahmen der internationalen Messe die Fürbitten in der unterirdischen Basilika vorträgt. Schon der Pilgerweg nach Lourdes ist ein Pilgerweg für Kranke und Behinderte. Der internationale Airport von Tarbes/Lourdes ist der behindertengerechteste Flughafen, den man sich vorstellen kann. Modernste, krankengerechte Busse rollen aus ganz Europa an, die Eisenbahn ermöglicht Liegendtransporte. Jesus sprach zu den Kranken, bevor er sie heilte: »Steh auf!« Gemeint ist, bleib nicht in Selbstmitleid verhaftet, mach weiter, bleib nicht liegen am Boden mit deinen Schmerzen und Leiden. Und so fahren die Kranken wirklich gestärkt und getröstet heim. Obwohl sich meist kein sichtbares Wunder nachweisen lässt, kehren sie als »innerlich heile« Menschen nach Hause zurück.

Das Sakrament der Buße ist außer Mode geraten. Wer will schon Schuld eingestehen? Wer braucht schon Vergebung? Manche brauchen vielleicht einen Psychotherapeuten, aber einen Priester? In Lourdes ist das anders. Ein in Stein gehauener Priester, der Patron aller Beichtväter Johannes Maria Vianney, besser bekannt als der heilige Pfarrer von Ars (1786–1858), weist den Weg zur Kapelle der Versöhnung. Er hat noch kurz vor seinem Tod die Botschaft von Lourdes gehört und in seinem kleinen Kirchlein in Ars verkündet: »Kehret um, tuet Buße« – das war der Grundtenor der Erscheinung der Unbefleckten Empfängnis gegenüber Berna-

77

dette. Und genau das ist auch der Anfang des Markus-Evangeliums und damit biblische Botschaft. Immer mehr Menschen suchen in Lourdes das Gespräch mit dem Priester, um mit sich selber und vor Gott ins Reine zu kommen. Täglich wird in vielen Sprachen das Sakrament der Versöhnung gespendet, in der herkömmlichen Art und Weise, im Beichtgespräch oder auf einem kurzen Spaziergang auf der »Prärie«, der Wiese gegenüber der Grotte. Besonders junge Leute nutzen diese Art der Bekehrung der Herzen. Lourdes ist nicht nur ein spiritueller Ort für jeden Einzelnen, der Kraft, Hoffnung und Dialog sucht, sondern auch ein Zentrum des Friedens: Das deutlichste Zeichen dafür war für mich ein Volleyballspiel während der seit 1958 jährlich stattfindenden Militärwallfahrt. Soldaten aus unterschiedlichen Nationen spielten im Zeltlager miteinander Volleyball und wer genau hinsah, konnte entdecken, dass dort kriegführende Staaten auf dem Spielfeld vertreten waren. In diesem Spiel gab es kein Töten, keine feindlichen Auseinandersetzungen. Vor der Grotte standen die Männer dann mit ihren Kerzen in den Händen und sangen »Ave Maria«. Beim Gottesdienst in ihrer Zeltstadt reichten sie sich die Hände zum Friedensgruß und sagten »Shalom«. Dass gerade dann eine weiße Taube vorbeiflog, war wohl Zufall. Lourdes ist für mich eine Stadt des Friedens, wenn ich die Nationen dort erlebe beim Gottesdienst, in den Straßencafés, bei den Lichterprozessionen, beim täglichen Friedensgebet. Betende Hände können nicht zerstören, sondern Freundschaft und Geschwisterlichkeit schaffen.

Unzählige Wunder sind in Lourdes geschehen, aber nur wenige von ihnen wurden offiziell anerkannt. Derzeit sind es 67 anerkannte unerklärbare Heilungen, die die Kirche bestätigt hat. Es ist gut, dass nicht jedes außergewöhnliche Zeichen sofort von der Kirche anerkannt wird, sondern erst sorgfältig von einem international besetzten Ärztekomitee geprüft werden muss. Zunächst überprüfen die Mediziner, ob der Geheilte schon vor dem Lourdes-Aufenthalt an einer unheilbaren Krankheit litt. Dann muss das Ärzteteam feststellen, dass es sich um eine spontane Heilung handelt, die auf Dauer Bestand hat und ohne medikamentöse Behandlung zustande kam. Wenn sich zusätzlich herausstellt, dass die Heilung medizinisch nicht erklärbar ist, wird der Vorgang an den jeweiligen Bischof der Diözese des Geheilten weitergereicht. Letzte Instanz ist dann die bischöfliche Behörde, die gegebenenfalls dieses Wunder als ein Zeichen der Liebe Gottes anerkennt und offiziell bestätigt. Wenngleich bis heute fast 7000 Wunderheilungen dem ärztlichen Büro zur Anerkennung vorgelegt, aber nur 67 davon kirchlich bestätigt wurden, so heißt das nicht, dass die anderen Heilungen keine »richtigen« Wunder gewesen wären. Darüber hinaus scheuen viele Geheilte diese Anerkennungsprozedur und danken Gott im Stillen für ihr großes Geschenk der Genesung. Und auch

LOURDES

heute geschehen jeden Tag an der Grotte kleine und große Wunder: Menschen finden im Gebet wieder zu Gott, andere werden angesichts des Leidens vieler Menschen ganz still, wieder andere fahren mit versöhntem Herzen nach Hause, getröstet und gestärkt für den Alltag. Wenn das keine Wunder sind? In Lourdes ist Maria heute aber auch die größte Arbeitgeberin. Hier arbeiten fast alle Menschen direkt oder indirekt für Maria: als Hoteliers, Busfahrer, Andenkenverkäufer, Reiseführer, Eisverkäufer, Barkeeper, Kellnerinnen, Kofferträger, Kerzenmacher, Straßenreiniger und Blumenmädchen. In der strukturschwachen Gegend ist dies ein wichtiger Wirtschaftsfaktor. Wenn einige ab und zu über die Stränge schlagen und sehr kitschige Artikel in Andenkenläden anbieten, dann sollte man einfach darüber hinwegsehen und schmunzelnd weitergehen. Man muss ja nicht kaufen. Aber sicher ist es auch gut und richtig, kleine Geschenke für die Daheimgebliebenen mitzubringen.

Dass die Menschen in Scharen nach Lourdes kommen, ist in den Erlebnissen Bernadettes begründet. Die Erscheinung in der Gestalt eines 14-jährigen Mädchens sprach Bernadette damals in dem landestypischen Pyrenäendialekt mit »Sie« an und sagte zu ihr: »Sagen Sie den Priestern, dass man in Prozessionen hierherkommen und eine Kapelle bauen soll.« Wie sehr sich doch dieser Wunsch bewahrheitet hat. Heute kommen aus aller Welt die Menschen, Gesunde und Kranke, mit Bussen, Zügen, Flugzeugen, zu Pferde und zu Fuß. Alle kommen sie mit ihren Sorgen und Sehnsüchten, Hoffnungen und Fragen, mit ihren Krankheiten und Gebrechen, mit ihrer Schuld und Begrenztheit, um an diesem Gnadenort Heilung zu erfahren. Und von einer Kapelle kann man sicherlich nicht mehr reden. Schon bald wurde eine richtige Kirche gebaut, die »Unterkirche«, an der Vater Soubirous noch mitbaute. Bernadette war bei der Einweihung persönlich anwesend.

Im Jahr 1854 wurde in Rom feierlich das Dogma der Unbefleckten Empfängnis verkündet. Die Gemeinschaft der Bischöfe erklärte durch den Heiligen Vater in feierlicher Form, dass Maria von Anfang an von jeglicher Erbschuld befreit sei, dass sie als »Gottesgebärerin« im Vorhinein erlöst sei. Es konnte doch nicht sein, dass der Erlöser der Welt von einer Frau, die mit der Erbschuld belastet war, empfangen und geboren werden sollte. Diese Entscheidung war viele Jahrzehnte hindurch gereift, und 1858 – vier Jahre nach dem Dogma aus Rom – stellte sich die himmlische Erscheinung mit diesem Titel vor, den sie im Pyrenäendialekt der jungen Seherin offenbarte: »Ich bin die Unbefleckte Empfängnis.« Noch heute kann man den Schriftzug unter der Statue in der Grotte sehen und nachlesen. Mit dieser Aussage, die das ungebildete Mädchen wohl nicht verstand und deshalb immer wieder vor sich hinsprechen musste, um sie nicht zu vergessen, ging sie zum Pfarrhaus des Abbé Peyramale. Unter dem Torbogen, der heute noch am alten Pfarrhaus zu sehen ist und zu den Pilgerpfaden von Lourdes gehört, blieb sie voller Angst stehen, um die Nachricht dem gefürchteten Ortspfarrer zu überbringen. Dieser aber erkannte die himmlische Herkunft der Erscheinung und ließ seine bis dahin gepflegte Zurückhaltung fallen.

Der heilige Bezirk

Gott sei Dank gibt es den heiligen Bezirk, der vom Lärm und der Geschäftigkeit der Stadt abgegrenzt ist. Man kann ihn nur durch das St.-Josephs-Tor oder durch das St.-Michaels-Tor betreten. Auf dem mehr als 50 Hektar großen Gelände findet der Pilger die Grotte, den Hauptanziehungspunkt von Lourdes, die Gekrönte Madonna, Kirchen, Museen und Kreuzwege. Im heiligen Bezirk gibt es keine Andenkenläden, keine Cafés, kein Handyklingeln und dergleichen. Dieser Bereich ist ein Ort der Stille und des Gebets. Vorbei an der Gekrönten Madonna gelangt man über die Esplanade, dem großen weiten Platz vor der Basilika, zu den drei Kirchen, der Rosenkranzbasilika mit ihren herrlichen Wandmosaiken und zu der übereinandergebauten Unter- und Oberkirche. Auf der rechten Seite – jenseits des Gave – sieht man die neue multifunktionale Kirche der heiligen Bernadette. Unter der großen Wiesenfläche versteckt sich die unterirdische Basilika Pius X., ein nüchterner Betonbau, der erst dann richtig mit Leben erfüllt ist, wenn die 25 000 Menschen, die dort Platz finden, das Lob Gottes anstimmen. Katholischen Christen wird oft vorgeworfen, dass sie Maria anbeten. Aber die Marienverehrung hat schon ihren Grund. Christen nehmen Zuflucht zur Gottesmutter und bitten sie, die Anliegen wie eine gute Mutter vor ihren Sohn zu tragen. Sie ist wie ein Fenster, durch das das Licht scheint. Niemals ist Maria Zielpunkt des Glaubens, sondern nur der Weg dorthin. Ziel ist immer der auferstandene Christus. Maria steht nur am Weg, auch in Lourdes. Wie auf der Hochzeit zu Kanaa zeigt sie auf ihren Sohn und sagt den Menschen auch heute: »All das, was Er euch sagt, das tut« (Joh. 2,5). So gehen die Pilger auf ihrem Weg an der Grotte vorbei, überqueren den Gave und kommen zu einem großen, weißen Zelt. Hier steht die Monstranz, die zur Anbetung einlädt. Jetzt sind die Pilger angekommen, beim Herrn, der sich im gebrochenen Brot zu erkennen gibt. Viele Menschen beten hier für eine gewisse Zeit, genießen die Atmosphäre und gehen in sich. Eine sinnstiftende und bedenkenswerte Geste: Gott nimmt Wohnung im Zelt, wie auch schon zur Zeit des Alten Bundes. Kirchen gibt es in Lourdes genug. Aber das Zelt Gottes lädt die Menschen dazu ein, sich zu besinnen und sich von den Schätzen dieser Welt zu lösen sowie die Heimat im Himmel zu suchen. Dieses Zelt ist ein ganz besonderer Schatz in Lourdes.

▪▪▪ LOURDES ▪▪▪

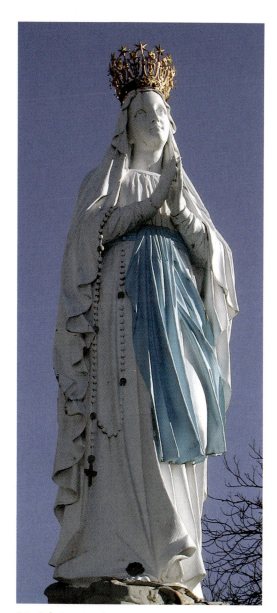

Die Gekrönte Madonna von Lourdes ist zu einem Treffpunkt für Pilger geworden.

Wasser, Felsen, Licht

Es war 14 Tage nach der ersten Begegnung mit der »wunderschönen Dame«, die Bernadette nun »Aquero« (»jene«) nannte, denn die Erscheinung hatte ihr noch nicht ihren Namen gesagt. In dieser neunten Begegnung forderte die Dame sie auf, zur Quelle zu gehen, daraus zu trinken und sich zu waschen. Bernadette folgte diesem Ruf und eilte zum Fluss. Doch die Erscheinung verwies sie an eine andere Stelle. In einer Ecke der Höhle buddelte sie im schlammigen Wasser, beschmierte ihr Gesicht damit und beim vierten Versuch konnte sie etwas davon trinken. Die etwa 300 Anwesenden erschraken zutiefst und hielten sie nun für gänzlich verrückt. Dies schien sich zu bestätigen, als sie begann, von dem Gras zu essen, das sie in der Nähe der »Quelle« fand. Bernadette sagte nur: »Das ist für die Sünder.« Heute ist die Quelle neben der Grotte der Hauptanziehungspunkt für die Pilger!

Flaschen- und kanisterweise wird das Quellwasser von den Pilgern abgefüllt und mit nach Hause genommen. Viele Zapfhähne stehen dafür zur Verfügung. Manche Gläubige waschen sich mit dem »heiligen Wasser« Hände und Gesicht als Zeichen ihrer Taufe oder inneren Reinigung. »Heilig« ist dieses Wasser aber nicht, sondern ganz normales Quellwasser ohne irgendeine besondere Mineralienkonzentration. Und trotzdem hat es etwas Besonderes: Man kann es

81

LOURDES

lange Zeit aufbewahren, jahrelang, ohne dass es verdirbt. Ich durfte Lourdeswasser beim Tod meiner Mutter probieren, die es über 30 Jahre lang aufbewahrt hatte. Es schmeckte immer noch hervorragend. Wasser ist Leben. Ohne Wasser verdursten alle Lebewesen, Menschen, Tiere und Pflanzen. Schon in biblischer Zeit spielte Wasser eine besondere Bedeutung: Aus dem großen Wasser der Sintflut errettete Gott einst Noah und seine Familie, durch das große Wasser hindurch führte er die Kinder Israels aus Ägypten heraus und Jesus sagte der Frau am Jakobusbrunnen: »Ich bin das lebendige Wasser, wer von mir trinkt, der wird keinen Durst

Die Pilger versammeln sich auf dem Vorplatz der Rosenkranzbasilika zum Gebet.

LOURDES

mehr haben.« Dieser Gedanke ist in den letzten Jahren von den Verantwortlichen in Lourdes sehr schön berücksichtigt worden, als sie auf der anderen Seite des Gave den »Wasserweg« schufen, einen Pilgerpfad, der an neun Themenbrunnen mit Lourdeswasser entlangführt und zur Meditation einlädt. Für jede Station gibt es ein Bibelzitat – »Beersheba« (Gen. 21,25-34), »Jakobusbrunnen« (Joh. 4,1-26) oder »Marienbrunnen« (Lk. 2,51-52). Viele Pilgergruppen gehen diesen Wasserweg und erneuern dabei ihre Taufe. Das Wasser hat in Lourdes und für die Pilger eine zentrale Bedeutung. Fast eiskalt, nur etwa 12 °C, ist es in den Bädern. Einmal am Tag werden die 17 Marmorwannen mit Lourdeswasser gefüllt. Und dann tauchen Hunderte von Menschen gläubigen Herzens mit ihren Krankheiten, offenen Wunden, ihren Gebeten und Wünschen in dieses Wasser ein, ohne sich gegenseitig anzustecken. Im Jahr sind das mehr als 300 000 Pilger. Viele, die in diesen Bädern untergetaucht sind, empfinden dies als Höhepunkt ihrer Wallfahrt. Und dass man sich hinterher nicht abtrocknen muss, sondern sofort trocken ist, bleibt auch ein Rätsel von Lourdes.

Blank gestreichelt zeigt sich die Grotte von Massabielle. Rundgeschliffen sind alle Ecken und Kanten, alle Vorsprünge und Risse. Trotzdem hat sie etwas Unheimliches: Nur wenig Tageslicht und der Schein der Kerzen sowie die illuminierte Quelle sorgen für Beleuchtung. Gern gehen die Menschen in sie hinein, berühren den harten Stein, sehen die Quelle, schauen hinauf zur Madonna, die der Künstler Fabry geschaffen hat. Sehr zum Entsetzen der Bernadette übrigens, weil die Erscheinung viel viel schöner gewesen sei, aber wie kann man himmlische Wesen in Marmor meißeln? Früher hingen in der Grotte an der nackten Felswand unzählige Krücken und Gehhilfen als Dank für Heilungen und Gebetserhörungen. Heute steht im Zentrum dieser Höhle ein massiver, nicht geschliffener großer Stein als Altar, ähnlich dem Altarstein der Gottesdienststelle in Tabgha, am Ufer des Sees Genezareth. Diese Stelle bezeichnen die dortigen Benediktiner als das neutestamentliche »Dalmanutha« (Mk. 8,10), an der Jesus mit seinen Jüngern im Boot ankam. In all das Dunkle der Menschheit, in seine Ecken und Kanten, Abbrüche und Risse schickt der Himmel mit Maria ein Zeichen des Lichts, damit unser Leben hell werde. Aber auch der dunkelste Winkel kann ein Ort der Gottesbegegnung werden. Welch ein Hoffnungszeichen. In der 17. Erscheinung hielt Bernadette ihre Hand dicht über die Flamme einer brennenden Kerze. Das muss fürchterlich geschmerzt haben, aber Bernadette war so verzückt, dass sie es nicht merkte, auch über lange Zeit nicht. Das hätte Brandwunden verursachen müssen. Aber nichts war zu sehen und kein Wehklagen zu hören. Der Arzt Dr. Douzous, der eigentlich das Mädchen wegen seiner Visionen lieber in eine Nervenheilanstalt eingeliefert hätte, bestätigte ihre Schmerzunempfindlichkeit.

LOURDES

Wie auf dem Jakobsweg die Muschel das Erkennungszeichen der Pilger ist, so ist es in Lourdes die Kerze. Überall kann man sie kaufen, große und kleine, dicke und dünne, um sie im heiligen Bezirk zu entzünden. Als Opfer, als Zeichen, als Erfüllung eines Versprechens, aber auch, um sie mit nach Hause zu nehmen, als Andenken an die Wallfahrt, als sinnvolles, kleines Geschenk für die Daheimgebliebenen. Gewaltig ist der große Kerzenständer vor der Grotte, wo die Kerzen bei Tag und Nacht brennen. Und es gilt Jesu Wort: »Ich bin das Licht, das in die Welt gekommen ist…« In die tiefste Dunkelheit hinein schickt der Himmel uns oftmals ein Licht, damit wir Licht werden können für andere.

Höhepunkt eines Pilgertages ist die abendliche Lichterprozession. Tausende von Menschen aus allen Nationen beten gemeinsam in unterschiedlichen Sprachen den Rosenkranz. In ihren Händen tragen sie Kerzen als Zeichen der Hoffnung und Freude. Diese Freude spürt man deutlich, wenn zwischen den Rosenkranzsätzen das Lied »Ave Maria« voller Inbrunst gesungen und dabei die brennende Kerze hochgehalten wird. Da spürt jeder die Gebetsgemeinschaft, da spürt man Weltkirche, da wird das »Unterwegssein« nachvollziehbar. Dieses Lied nehmen die Pilger mit, sie werden es ihr Leben lang nie mehr vergessen. Die Stimmung der Lichterprozession ist einmalig und erfüllt einen jeden mit Hoffnung. Das Abschlusslied, der Segen aller Priester vor der Rosenkranzbasilika, die aufstrahlende Beleuchtung der beiden markanten Türme in der Dunkelheit, das gegenseitige »Gute-Nacht-Wünschen« in den unterschiedlichsten Sprachen runden den Pilgertag ab.

Die Riten von Lourdes

Es gibt zahlreiche Riten, die Pilger bei einer Fahrt nach Lourdes berücksichtigen können. So hat man die Möglichkeit, den Aufenthalt in Lourdes mit einer Rose zu beginnen, die man an den Eingängen erwerben kann. Diese wird dann vor der Gekrönten Madonna mit einem gemeinsamen Gebet oder Lied in das schmiedeeiserne Gitter gesteckt, an dem schon viele Rosen zu finden sind. Maria ist für Christen die Rose ohne Dornen. Pilger können sich auch mit Lourdeswasser waschen und einen Schluck davon trinken. Man kann einen Augenblick im Zelt der Anbetung verweilen oder das Taufgelübde am Wasserweg erneuern. Lohnenswert ist ein Besuch der heiligen Messe im Morgenlicht an der Grotte. Pilger sollten auch die »via crucis«, den großen Kreuzweg, gehen und sich auf den Segen mit der Monstranz bei der nachmittäglichen eucharistischen Anbetung freuen. Und abends stimmen die Pilger ein in das vielstimmige »Ave, Ave Maria«. Dann ist man zum echten Lourdespilger geworden und wirklich dort angekommen, wo sich Himmel und Erde berühren.

84

LOURDES

Ein Tipp: Auch Ausflüge in die herrliche Bergwelt der Gavernie sind ausgesprochen lohnenswert. Ein Weg führt zum Beispiel in das kleine Kirchlein im Talkessel von Cirque de Gavernie. In der linken Seitenkapelle wartet eine schöne Skulptur des heiligen Jakobus.

Die letzte Erscheinung – der Abschied

Es war wieder ein Donnerstag, der 16. Juli 1858. Die Behörden hatten die Grotte mit Brettern abgeriegelt. Niemand sollte dort hineinkommen. Bernadette spürte den unwiderstehlichen Drang, zur Grotte zu gehen, aber aufgrund der vorhandenen Situation ging sie auf die andere Seite des Gave. Plötzlich erschien ihr Maria am gewohnten Ort. Obwohl diesmal die räumliche Distanz zu ihr sehr groß war – der Fluss lag dazwischen –, sah sie die Erscheinung so nah wie nie zuvor. Und sie sagte später: »So schön war sie noch nie.« Hier sagten sich Maria und Bernadette »Adieu«. Sie werden sich erst im Himmel wiedergesehen haben.

INFORMATIONEN FÜR DEN PILGER

Lourdes

Einer der weltweit meistbesuchten Wallfahrtsorte im Südwesten Frankreichs in der Nähe der spanischen Grenze (rd. 15 000 Einwohner); Marienerscheinung

Sehenswürdigkeiten

- Grotte von Massabielle
- Rosenkranzbasilika
- Gekrönte Madonna
- Wasserweg
- Zelt der Anbetung
- Kreuzweg
- Erscheinungsstelle
- Jugenddorf
- Pfarrkirche mit dem Taufstein der heiligen Bernadette
- Cachot

Besondere Veranstaltungen

Pilger sollten ihren Lourdes-Aufenthalt so planen, dass sie an einem Mittwoch oder Sonntag in Lourdes sind und an der morgendlichen internationalen Messe teilnehmen. Man erlebt eine ausgezeichnete Liturgie, wie man sie sonst an keinem der anderen großen Pilgerstätten findet. Lied- und Messtexte in mehreren Sprachen.

Weitere Infos

Zentrale und aktuelle Infos gibt es in Lourdes beim FORUM-INFORMATION, einem halbrunden Pavillon im heiligen Bezirk, in der Nähe des Josephstors. Dort bekommen Pilger alle Hinweise zu Gottesdienstzeiten in ihrer Sprache, Stadtpläne, Pilgerbüchlein, Termine für Stadtführungen und vieles mehr. Internet (auch deutschsprachig): www.lourdes-france.com

MARIAZELL

DIE SCHWEIGENDE MUTTER ÖSTERREICHS

**Man kann nicht erwarten, dass einem der Pilgerweg zum steirischen Gnadenort Maria-
zell und zur Magna Mater Austriae leicht gemacht wird. Das Land wogt heftig auf und ab,
schattige Wälder wechseln mit besonnten Wiesen, aus düsteren Tälern erheben sich nack-
te Felsen, manchmal liegt Schneehauch in der Luft, oft wechselt das Licht, das verschwom-
men und düster den Körper müde macht oder hell und klar alles Schwere aufhebt und
trägt. Die Füße spüren harte Pflastersteine oder weiche Teppiche aus Gras, verschreckte
Hasen kreuzen den Weg, das Geläut von Herden durchbricht die Stille. Aber auch der Lärm
der nahen Straßen ist oft nicht zu überhören.**

Die Via Sacra, die heilige Straße zwischen Wien und Mariazell, ist uralt und mit Erinnerungs-
fracht beladen. Sie führt durch einen bemerkenswerten, sanften Landstrich, der sich allen
öffnet, die sich ihm leise und behutsam nähern. Seit 850 Jahren sind viele Generationen von
Pilgern, Millionen Gläubige – auch Könige und Kaiser – die heilige Straße gegangen, gerit-
ten oder gefahren. Gewiss, Mariazell ist auch per Auto, Bahn oder Fahrrad erreichbar. Doch
jeder, der sein Pilgerziel in fünf Tagesetappen wirklich mit allen Sinnen erwandert, fühlt sich
tief im Herzen der Landschaft und frei, um in sich selbst die eigenen Gründe für die Wallfahrt zu suchen und zu finden: Vielleicht den Beginn eines neuen Lebensabschnitts, vielleicht
Hoffnung, Glaubensgewissheit, Erleuchtung, vielleicht eine Schuld, die es abzutragen, eine
Bitte, die es vorzutragen gilt. Obwohl ein ganzes Netz von Pilgerwegen sternförmig und ver-
ästelt wie Baumwurzeln aus den östlichen und südlichen Bundesländern, aus Niederöster-
reich, Oberösterreich, dem Burgenland, der südlichen Steiermark und Kärnten das Land
überzieht, stand die Via Sacra, der eigentliche ursprüngliche Pilgerweg aus Wien, immer im
Mittelpunkt. Individualisten mögen allein wandern und eine das Bewusstsein vertiefende
Wanderung, die ihre Selbsteinkehr fördert, unternehmen. Ein völlig anderes Gefühl vermitteln die Themen- oder Großwallfahrten. Seit dem Fall des Eisernen Vorhangs ist es auch für
Pilger aus Tschechien, Ungarn, Kroatien, aus der Slowakei und Bosnien wieder möglich, ihre

Das Gnadenbild von Mariazell ist für die Pilger Hoffnung und Bestärkung im Glauben.

MARIAZELL

»Mater Gentium Slavorum« und die »Magna Hungarorum Domina«, alle vereint in der »Magna Mater Austriae«, zu besuchen. Hunderttausende kamen zur »Wallfahrt der Völker«, zur »Wallfahrt der Vielfalt« und zum »Mitteleuropäischen Kirchentag«. Die gemeinsamen Gebete und Gesänge während der Pilgerfahrten im Spannungsfeld zwischen Spiritualität und Gläubigkeit schenken ein beispielloses Zusammengehörigkeitsgefühl.

Die Via Sacra beginnt am südwestlichen Rand der Hauptstadt, in Perchtoldsdorf oder Rodaun, und gleitet unversehens hinein in die romantische Landschaft des Wienerwaldes. Hier wissen Föhren-, Eichen- und Buchenwälder noch nichts vom Waldsterben, strecken ihre Kronen zum Himmel und kleiden sich im Herbst in all die wunderschönen warmen, goldgelben, rostroten und zimtbraunen Farbtöne. In einer Talsenke, fast von den mächtigen Bäumen verborgen, als hätten sie ein Geheimnis zu hüten, liegt Stift Heiligenkreuz. Beinahe zur selben Zeit wie Mariazell entstand in dem Waldgebiet das Kloster der Zisterzienser, das seinen Namen von einer von Leopold V. 1187 gespendeten Reliquie, einem Splitter des heiligen

Aus allen Teilen des Landes pilgern die Menschen in feierlichen Prozessionen nach Mariazell.

MARIAZELL

Kreuzes aus Jerusalem, gleichsam als Erinnerungsstück an die Leiden Christi herleitet. Bedenkt man, dass das früheste Pilgerziel, das Heilige Grab, als der spirituelle »Mittelpunkt der Erde« galt, bekommt Heiligenkreuz als Markstein der Pilgerreise eine neue Dimension. Während vor der Stiftskirche die Dreifaltigkeitssäule in überschwänglichem Barock hoch aufsteigt, gibt sich die romanische Kirche stilvoll bescheiden. Im Inneren wirkt der Raum mit seinen Wänden und Pfeilern aus Naturstein und dem etwas düsteren Kirchenschiff, das sich erst im Hallenchor dem Licht öffnet, beinahe mystisch. Hier und im romanisch-gotischen Kreuzgang entstehen bleibende und das Leben bereichernde Eindrücke. Innere Einkehr und Ruhe werden möglich. »Der unruhige Geist«, schrieb ein Mönch seine Empfindungen nieder, »hier findet er Erlösung. Die Andacht gewährt uns Stille und Zeit und Frieden, um nach dem Sinn des Lebens zu suchen.« Frieden? Heute ja, doch nicht im historischen Sinn. Im Kapitelsaal des Stifts wurde Friedrich II., der Streitbare, begraben. Sein Leben war Kampf, er fiel mit dem Schwert, das Gesicht seiner Liegefigur auf der Grabplatte wurde vor langer Zeit von den Osmanen zerschlagen. Man mag seine Gedanken im Klosterkreuzgang, den 300 rote Marmorsäulen säumen, wieder ordnen. Wirken doch gerade die Wallfahrten nach Mariazell wie kaum andere Völker verbindend und Völker versöhnend.

Pilger sind auf der Wanderschaft: Die roten Dächer des Stifts und der Kreuzweg im Norden des Klosters bleiben in den Baumkronen zurück. Bald nimmt man Mayerling wahr, jenen Ort, in dessen Jagdschloss sich ein Stück österreichische Geschichte ereignete. Ein Mord, ein Selbstmord, ein ungeklärter Tod noch heute. Wäre nicht ein Kronprinz der Täter gewesen, hätte kein kaiserlicher Vater ein verhüllendes Tuch über die Tat gebreitet, Teile des Jagdschlosses abreißen und in ein Kloster verwandeln lassen, hätte kein Film, kein Roman das einsame Sterben verkitscht oder missdeutet. Die Geschichte um eine heftige, aber unbotmäßige Liebe wäre längst vergessen. Nun beten die Karmeliterinnen in ihrem Kloster die Sühnegebete für die Toten, deren Sterbezimmer Teil einer Gedächtniskirche wurde. Im südlichen Wienerwald werden die Berge höher, die Bäume stehen dichter, die Wege werden krummer und die Landschaft einsamer. Die Via Sacra aber reicht die Pilger von Wallfahrtsort zu Wallfahrtsort weiter, durch Dörfer, die Spiegel ihrer Bewohner sind, durch landschaftliche Idyllen, die den Preis der Abgeschiedenheit durch fast klösterliche Ruhe begleichen. Die Kirche »Unserer lieben Frau« in Hafnerberg, gekrönt von zwei hohen Zwiebeltürmen, von außen kühl, fast abweisend, schwelgt im Inneren in reichem Spätbarock mit vergoldeten Strahlenkränzen und glitzernder Üppigkeit. Übergroße, strahlend weiße Erzengel hüten den Altar, ein großartiges Fresko hat die Himmelfahrt Mariens zum Thema. Die Augen haben viel zu

MARIAZELL

tun, um den Überschwang gläubiger Marienverehrung zu verinnerlichen. Jeder Schritt, jede Rast, jeder Meilenstein auf der »heiligen Straße«, die eine Wegstrecke lang der »Kleinen Barockstraße« folgt, ist eine neue Erfahrung. Die Gottesmutter bleibt – wie ein zum Ziel führender Wegweiser – das große Thema. Auch in der romanischen Kirche von Kleinmariazell, die sich innen – barock ausgestaltet – ebenfalls des Patroziniums, der Himmelfahrt Mariens, annimmt. Ein bisschen schade, denkt man, alles wirkt neu und glänzend aufpoliert. Warum konnten diese 800-jährigen Kirchen nicht den Prägedruck ihrer Ursprünglichkeit bewahren? Doch auch dies ist ein Stück Pilgergeschichte. Die jeweilige Anpassung der Gotteshäuser an die großen Kunststile Gotik und Barock, oft durch Spenden und Schenkungen der Wallfahrer, vor allem königlicher Wallfahrer, ermöglicht, haben viel Ursprünglichkeit ausgelöscht. Längst sind die Augen von der unglaublichen Fülle der Eindrücke an der Via Sacra müde geworden. Ja, die Füße auch: Die Schuhe drücken, man hat sich Blasen gelaufen. Aber es stellt sich jene innere Ruhe ein, die sich beim Wandern in der Natur immer einstellt, wenn jeder Blickpunkt ein Höhepunkt sein kann. Die einfachen Gasthäuser wirken heimelig, die Forellen schmecken köstlich, das Wasser riecht nach Sauerampfer und Gänseblümchen, die am Bachrand wachsen. Nein, Pilger müssen nicht fasten. Kleine Pausen stärken die Wanderlust. Nachts erholt man sich in bäuerlichen Betten von der Last des Tages. Südlich von Rohr im Gebirge zieht sich der Landstrich in die Höhe. Die Berge steigen auf über 1000 Meter an, die Bäche fließen schneller, folgen ihren Launen, und der Himmel wölbt sich, scheinbar kleinräumiger, über dem aufgewölbten Land. Der romantische Hubertussee, einst künstlich von der Industriellenfamilie Krupp angelegt, ist ein Paradies für viele Tierarten. So ungestört, so still können sie ihre Tage genießen. Mag die Bruder-Klaus-Kirche am Nordufer des Sees auch überraschen, der Schweizer Niklaus von Flüe, »Bruder Klaus«, selig- und heiliggesprochen, hätte diesen Platz geliebt. Er war ein großer Mahner für den Frieden, der das Eremitentum und das große Schweigen, das ihn umgab, als ein Geschenk der Gottesfreundschaft ansah. Die kunstvoll gestalteten Fenster der Kirche beleuchten sein Leben in intensiven Farben. Wenn man in dieser Landschaft wandert, die hier reine Natur ohne Sehenswürdigkeiten ist, und wo der Wald das Schweigen lehrt, hat man keine Sehnsucht nach anderswohin. Es scheint, als wäre man in der Mitte der Welt. Durch das einsame Tal der Walster und das untere Halltal führt der Pilgerweg nun nach Mariazell. Winzige Orte bleiben zurück, hundertfaches Grün in immer neuen Schattierungen, aber alles menschlich bemessen. Vögel singen im Geäst, als bereiteten sie den großen Auftritt vor, wenn das Ziel erreicht ist. Längst hat sich die Mariazeller Hauptstraße zum Platz geweitet, die schmucken, hohen, herausgeputzten Bürgerhäuser strahlen und die Andenkenläden quellen vor Devotionalien über. Das Gewühl ist groß,

MARIAZELL

Rosenkränze hängen so dicht, dass ein leiser Windhauch sie zum Klingen bringt, das Wasser aus der heiligen Brunnenkapelle drängt sich zum Mitnehmen auf, Medaillons werden um Hälse gehängt, Gebetszettel finden reißenden Absatz, tausende Kerzen und Gegenstände aus Wachs sind für die Pilger vorbereitet. Der Gläubige, aus der Stille der Natur kommend, muss sich in dieses Getriebe erst einfinden. Am Ende des Weges angelangt zu sein und nun das eigentliche Ziel, die Basilika, vor Augen zu haben, löst jedoch ein tiefes Gefühl der Freude aus.

Eine Statue aus Lindenholz

Legenden enthalten immer ein Körnchen Wahrheit, oft auch ein Körnchen Realität, um das Unerklärliche zu erklären. So beginnt auch die Legende um Mariazell mit einer genauen Festschreibung von Jahreszahlen. 1066 gründeten die Herzöge von Kärnten das steirische Benediktinerkloster St. Lambrecht in der damaligen Waldein-

Die ursprüngliche Frömmigkeit motiviert viele Pilger, an einer Wallfahrt teilzunehmen.

öde der Obersteiermark und statteten es mit großen Ländereien und reichem Waldbesitz aus. Die Mönche lebten streng nach den Regeln des heiligen Benedikt und strebten danach, ihre Suche nach Gott mit anderen zu teilen. Abt Otker, ein Mann von Tatkraft und Sendungsbewusstsein, hegte ehrgeizige Missionspläne. 1157 entsandte er fünf seiner verlässlichsten und fähigsten Mönche in die abgelegenen Flusstäler, um den christlichen Glauben unter den im gebirgigen Land lebenden Hirten zu verbreiten. Einer der Mönche, vielleicht der glaubensstärkste, erhielt den Auftrag, mit seinem Pferd einen Pfad zwischen den Zweitausendern der Niederen Tauern und den Seetaler Alpen über jenen Pass zu finden, der in eine nach Norden hin offenere Landschaft führt. Man muss sich fragen, wie wohl dem Benediktinermönchlein – die ältesten Quellen nennen ihn »Mönchlein« und erst später teilte man ihm den Namen Magnus zu – zumute gewesen sein mag, als er im Spätsommer den Auftrag erhielt, im unbekannten Norden eine neue Niederlassung zu gründen und die Menschen als Seelsorger zu betreuen. Der Weg war weit, das Gebiet zwischen den Bergwänden fast unerforscht. So wurde es Winter und kalt, der Wind trieb Flocken und Wolken, die Landschaft erstarrte in Eis, die Bäume erhoben ihre Äste wie drohende Schemen. Zwar war alle Brüchigkeit der Landschaft weiß überlagert und die Weite so still wie unter einer Glasglocke, sie war dennoch voller Schrecken. Nirgendwo ein Mensch und nur Pfade, die niemand ging: Einziger Begleiter von Magnus war eine aus Lindenholz geschnitzte Madonna. Magnus und sein Pferd überstanden die Widrigkeiten der Bergwege, Schmugglerwege und Räuberpfade. Fast hatte er sein Ziel erreicht, als ihm eine Felswand jäh den Weg versperrte. War dies das Ende des Weges? Voller Zuversicht, vielleicht auch mit einer Spur Erschöpfung und Verzweiflung, packte er die mitgenommene Marienfigur mit dem Jesuskind aus, stellte sie in einer Nische der Felswand auf einen Baumstumpf und betete inständig um einen Ausweg. Die Legende sagt, dass die Madonna seine Gebete erhörte, dass sich die Felswand nachts auf wunderbare Weise teilte und ihm und seinem Pferd genügend Durchlass bot. Es war der 21. Dezember 1157. Das Licht zwischen den dumpfen sich teilenden Wänden aufgestaut, brach flimmernd über die verschneite Landschaft herein und lud Magnus zum Weiterreiten ein. Nicht weit von dem gespaltenen Felsen baute er eine hölzerne Zelle als sicheren Hort für seine Gnadenstatue und als bescheidenen Wohnraum für sich. Maria in der Zelle gab dem Ort den Namen. Mönch Magnus hatte seine Mission erfüllt.

Die Traumwunder

Wahrscheinlich setzte die Pilgerfahrt einfacher Menschen aus der näheren Umgebung schon früh ein. Sie suchten Heil, Trost, Rat, vielleicht auch Glaubensgewissheit bei Maria in der Zelle. Dafür kamen sie in diese winzige Stube, in die kein Sonnenstrahl eindrang und die trotzdem Kraft ausstrahlte. Die Kunde von der helfenden Statue verbreitete sich weit und schnell über das Land. Die Wunder »von Maria in der Celle« geschahen jedoch nicht wie anderswo. Diese Maria, mild lächelnd, das Jesuskind auf dem Schoß, sprach nicht, sie blieb stumm, sie erschien niemandem, trat nie als Lichtgestalt auf, aber sie machte sich die Träume zu eigen, um die Pilger zu sich zu rufen. Markgraf Heinrich Vladislav von Mähren war der erste namhafte Pilger, der sich mit seiner Gemahlin auf die weite Reise nach Mariazell einließ, um Gesundheit zu erbitten. Im Traum war dem Paar der heilige Wenzel erschienen und hatte ihnen den Weg zur Mariazeller Gnadenmutter gewiesen. Träume wurden damals immer als Botschaft vom Himmel aufgefasst, weshalb die Kranken und Unglücklichen, jene die Großes erreichen wollten und Beistand erhofften Traumbilder zum Anlass einer Wallfahrt machten.

MARIAZELL

Auch das Herzogpaar aus Mähren, unter Schmerzen leidend, setzte um das Jahr 1200 sein ganzes Hoffen auf die Gnadenmutter von Mariazell. Es war eine mühsame Pilgerreise mit vielen Umwegen und Irrwegen, aber sie führte die beiden ans Ziel. Sie beteten, hofften, wurden von ihren Schmerzen erlöst und gaben aus Dankbarkeit den Bau einer romanischen Kapelle zu Ehren der »Mater Gentium Slavorum«, wie sie die Böhmen nannten, in Auftrag. Diese frühe steinerne Kapelle war bescheiden, noch ohne goldenen Glanz, doch von großer Spiritualität und mit Glauben erfüllt.

100 Jahre später wurde die Kirche »Unserer lieben Frau zu Cell« in einer erzbischöflichen Ablassurkunde bereits als viel besuchter Wallfahrtsort beschrieben. Papst Bonifaz IX., wegen seines Nepotismus und dem Missbrauch des Ablasswesens oft gescholten, verlieh Mariazell 1399 den »vollkommenen Ablass«. Nun kamen nicht mehr nur die Rat, Trost und Sinn suchenden Pilger, sondern auch die Schuldbewussten und mit Angst Beladenen. Der Stil des Wallfahrens änderte sich. Bußriten wurden eingeführt, die Pilger geißelten sich, schleppten schwere Kreuze oder gingen den Pilgerweg mit bloßen Füßen. Büßerprozessionen mit bis zu 2000 Teilnehmern sind bis in die Barockzeit nachweisbar. Bald war die romanische Kirche dem Pilgerandrang nicht mehr gewachsen. Eine erste Änderung mit Glanz, Gold und Glitter erfuhr der Wallfahrtsort durch König Ludwig, den Großen, von Ungarn (aus dem Hause Anjou). Auch Ludwig war Maria im Traum erschienen, sie gab ihm Kraft und Siegesgewissheit. So schlug er seine Schlachten im Bunde mit Maria und ging als Sieger hervor. Aus Dank für den himmlischen Beistand gegen die ungläubigen Türken und die gläubigen Italiener versammelte er Teile seines Heeres und brach mit seinen tapferen Kämpfern im Jahr 1365 zu einer großen Wallfahrt nach Mariazell auf. Er kam nicht, um zu bitten oder zu büßen, er kam, um für sein Schlachtenglück zu danken. Die Gnadenmutter blieb unbewegt. Zu viel Hoffnung, zu viel Glaube, zu viel Bedrängnis, in das Rad der Geschichte einzugreifen, wurde an sie herangetragen: »Heilige Mutter Gottes, bitte für uns«, beteten die Gläubigen. Seinem Gelübde treu, regte der prachtliebende Ludwig an Stelle der romanischen Kapelle, die erfüllt war von Kerzenrauch und Weihrauchkruste, den Bau einer neuen gotische Kirche an und unterstützte das Unternehmen großzügig. Ludwig kam aber nicht mit leeren Händen. Er stiftete der »Magna Hungorum Domina«, der »Großen Mutter Ungarns«, wie sie nun die Ungarn für sich nannten, edle Geschenke. Die wertvollste Gabe war jedoch das wunderbare Schatzkammerbild, das heute den Schatzkammeraltar in der Nordschatzkammer der Kirche ziert. Wahrscheinlich hat der Sieneser Künstler Andrea Vanni um 1360 das auf einer blauen Emailplatte gemalte Muttergottesbild, das mit den goldenen Lilien des Hauses Anjou verziert ist,

geschaffen. Dieses Schatzkammerbild ist für die Gläubigen von ganz besonderer Bedeutung und genießt kaum weniger Verehrung als das Gnadenbild. Da Heinrich und Ludwig als eigentliche Begründer der Mariazeller Wallfahrt gelten, thronen ihre Statuen über dem Eingangsportal der Kirche. Es kommt einem so vor, als würden sie die Gläubigen in das Kircheninnere geleiten.

Prachtvoller Kirchenraum für die Pilger

Die gotische Kirche stand gegen Ende des 14. Jahrhunderts weithin sichtbar und den kleinen Ort Mariazell beherrschend da. Im Lauf der Jahrhunderte brach der Strom der Pilger nie völlig ab, auch dann nicht, als die Türken kamen, als die Ortschaft mehrfach brannte und auch in der Reformationszeit nicht. Der Zustrom wurde jedoch in der nachfolgenden Gegenreformation größer und größer. Die überschäumende barocke Volksfrömmigkeit drängte die Menschen zur Wallfahrt und auch die Kaiser des riesigen Habsburgerreichs fühlten sich vom Glauben in Mariazell angezogen. Sie erklärten den Ort zum Nationalheiligtum ihres Reiches und vertrauten nicht nur ihr persönliches Schicksal, sondern auch das ganze Land sowie seine Menschen dem Schutz der Magna Mater Austriae an.

Hunderttausende Pilger besuchten nun alljährlich den Ort auf der Suche nach Erleuchtung, dem Sinn des Lebens, aus tiefer Religiosität und mit gläubiger Hoffnung. Die romanischgotische Kirche wurde schon bald zu klein. In der zweiten Hälfte des 17. Jahrhunderts entstand jener großzügige barocke Aus- und Umbau des Gotteshauses, den die Kirche auch in heutiger Zeit noch aufweist. Innen prunkt es mit Silber, Marmor, Stukkaturen und Fresken. Das warme Licht unzähliger Kerzen steigt zu den Emporen der Seitenkapellen auf, bricht sich in der Kuppel des Altarraums, aus der ihrerseits helle Licht- und Sonnenstrahlen in die Halle eindringen.

Die Kirche war noch zum Teil Baustelle, als Kaiser kamen, auf große Siege hofften, sich männlichen Nachwuchs wünschten und sich mit edlen Geschenken für die Erfüllung von Bitten und Gebeten bedankten. Kein Wunder, dass der reiche österreichische und ungarische Adel mit gestifteten Altären aufwartete, um der Magna Mater nahe zu sein. Sollte man kritisieren, dass sie sich dabei selbst Denkmäler setzten, ihre Wappen und Initialen hinterließen? Nein, ihre kleinen und großen Eitelkeiten verleihen der Kirche eine fast unwirkliche Pracht und nehmen ihr nichts von ihrer Spiritualität. Gnade und Hoffnung lassen sich nicht in Juwelen messen.

Die heiligen Kleider

Der religiöse Mittelpunkt der Wallfahrtskirche, das Ziel aller Pilger und krönender Abschluss einer Pilgerreise ist die Gnadenkapelle – gleichgültig ob die Gläubigen bei Tage in langen Reihen vorüberziehen oder in nächtlichen Lichter-Prozessionen. Johann Fischer von Erlach der Jüngere entwarf sie, sein Vater schuf den Hochaltar, eine Dankesgabe Kaiser Karls VI. Glanz und Gefunkel überall. Die ursprünglich schlichte romanische Gnadenstatue aus Lindenholz konnte sich ihrer Vereinnahmung durch prunkvoll gesinnte Gläubige nicht entziehen. Die Pracht des Gnadenaltars überstrahlt alles, blendet und berührt alle. Ein Pilger vermerkte in seinem Tagebuch: »Angesichts der Gnadenstatue überfiel mich der Glaube wie ein Strom, der mich überflutete, plötzlich glich er den Flammen, die alles verzehren.« Die Mariazeller Madonna bewirkt ihre Wunder in der Wortlosigkeit des Glaubens. Man setzte ihr eine Krone auf, stellte sie unter einen Baldachin, hüllte sie in »Liebfrauenkleider«, die adelige Damen spendeten. Nun sieht sie wie eine barocke Puppe aus. Nur an zwei Tagen im Jahr, am Patroziniumstag, dem 8. September, und am 21. Dezember, dem Gründungstag von Mariazell, nimmt man ihr diese Kleider ab, die in den Laden der Schatzkammerkästen aufbewahrt werden. Es sind große Wallfahrtstage, wenn die nur 47 Zentimeter hohe Lindenholzstatue nach langer Zeit wieder im Urzustand als Magna Mater Austriae zu sehen ist. Pilger können sie dann so sehen, wie sie gedacht war und ehe sie von Gold und Prunk ummantelt wurde. Für viele Wallfahrer wird erst jetzt deutlich: Nicht der Weg ist das Ziel, sondern die Gnadenkapelle ist der absolute Höhepunkt für alle. Am Gnadenaltar herrscht immer eine ehrfürchtige Stille und ein großer Friede. Hier mischen sich Nationen und Religionen, alle in innerer Einkehr und in der alles bewegenden Kraft des Glaubens.

INFORMATIONEN FÜR DEN PILGER

Mariazell
Wichtigster Wallfahrtsort Österreichs in der Obersteiermark (rd. 1800 Einwohner)
Sehenswürdigkeiten
• Basilika
• Gnadenkapelle
• Heilige Brunnenkapelle

Besondere Veranstaltungen
8. September: Patroziniumstag
21. Dezember: Gründungstag von Mariazell
Weitere Infos
Daten zum Ort und den Pilgerzielen gibt es unter:
www.mariazell.at

PADUA

ANTONIUS MIT DEM JESUSKIND IM NUSSBAUM

Es ist nicht der »Ferkes Tünn«, wie die Rheinländer liebevoll sagen, der in Padua verehrt wird, sondern der andere heilige Antonius, der wortgewaltige Bußprediger und große Franziskaner-Theologe. Die Portugiesen haben es ihm bis heute nicht verziehen, dass er den Beinamen »von Padua« trägt, vielmehr müsste es doch heißen »von Lissabon«, denn dort wurde Antonius um 1195 geboren.

Alljährlich pilgern mehr als 100 000 Menschen in eine der ältesten Städte Italiens. Padua liegt am Rande der Po-Ebene westlich von Venedig. Ziel der Pilger ist die Basilica di Sant' Antonio im Süden der Altstadt mit der Ruhestätte des heiligen Antonius. Die Grabeskirche, die 1232 bis 1310 für den Heiligen erbaut wurde, ist eine der bedeutendsten Stätten der Christenheit. Der Leichnam des Antonius liegt in einem Silbersarkophag in der Cappella dell'Arco del Santo im nördlichen Querhaus. Die Basilika vereint byzantinische, romanische und gotische Stilelemente. Von besonderer Schönheit ist der Hochaltar, geschmückt mit Werken des Bildhauers Donatello. Die Bronzereliefs der Predella zeigen die Wundertaten des heiligen Antonius von Padua.

Wenn die Pilger, die aus zahllosen Ländern nach Padua anreisen, vor der Basilika stehen, werden sie von einer ganz besonderen Atmosphäre eingenommen. Viele wählen ganz bewusst diese Station auf ihrem Weg nach Assisi, dem Wirkungsort seines Ordensvaters, des heiligen Franziskus. Die meisten haben sich gut auf die Begegnung mit Antonius vorbereitet, manche haben ihre von franziskanischem Geist inspirierten Gedanken – einfaches Leben, Verbundenheit mit der Natur, Bewahrung der Schöpfung – aufgeschrieben. Der Leiter einer Pilgergruppe ruft die Fischpredigt in Erinnerung, Antonius' Eintreten für die Schwächsten, die Stärke in der Verkündigung des Wortes Gottes und sein liebevoller, zärtlicher Umgang mit dem Jesuskind. Es ist eine Bitte an die Gruppe, ganz bewusst über die Schwelle der Basilika zu treten und den Weg zur Seitenkapelle des Heiligen mit seinem Grab im nördlichen Quer-

Blick auf die beeindruckende Antoniusbasilika in Padua

haus zu nehmen. Als Zeichen der Solidarität mit dem Heiligen und seiner Einfachheit, die aber letztlich Größe bedeutet, will man vertrauensvoll die Hand auf die in Kopfhöhe angebrachte Grabplatte des Antonius legen, der in seiner Zeit ein echter »Brandstifter« gewesen ist. Er hat den Brand der Begeisterung für Jesus gelegt, er hat die Menschen durch seinen Lebensstil und seine Predigt fasziniert. Solche »Brandstifter« werden auch heute gebraucht, »Feuerwehrleute«, die alles zum Erlöschen bringen, gibt es mehr als genug. Heute kommen Pilger aus aller Herren Länder nach Padua, um am Grab des portugiesischen Bruders zu beten oder einfach auf ihrem Weg nach Assisi oder Rom Halt zu machen. Viele belassen es nicht

Altar in einer prachtvollen Seitenkapelle der Basilika, in der auch der heilige Jakobus verehrt wird

bei einem kurzen Aufenthalt oder einem flüchtigen Berühren der Grabplatte, sie finden den Weg zur Buße und nehmen teil an einem der vielen täglichen Gottesdienste. Pilgergruppen legen ihre »franziskanischen Anliegen« unter die Grabplatte und verrichten ein gemeinsames Gebet. Erst danach wird die Basilika besucht. Fresken finden sich neben den Marmorstatuen jüngeren Datums. Herrliche Seitenkapellen und Kreuzgänge zeugen von der Bedeutung dieser Basilika.

Beim Verlassen der Kirche kann man ein stattliches Verlagshaus der Franziskaner entdecken, dessen wichtigstes Produkt die Zeitschrift »Bote des heiligen Antonius« (Messaggero di Sant' Antonio) ist – auch ein wirksames Zeichen des Apostolats der Verkündigung. Antonius gehört zu den großen Pilgergestalten, weil er in Norditalien und Frankreich gegen die Albigenser, auch Katharer genannt, mit scharfer Zunge zu Felde zog und die wahre Lehre der Kirche verkündete. Aber Padua gehört auch deshalb zu den großen Pilgerorten, weil die »pelegrinatio« (die Pilgerschaft), von Mailand kommend, über Padua nach Assisi und von dort weiter nach Rom, dem wichtigsten Pilgerziel überhaupt, führt.

Zwei Heilige mit gleichem Namen

Als uns kürzlich ein eifriger Reiseführer in Spanien vor einem Standbild des Einsiedlers Antonius, dargestellt mit einem Ferkel, erzählte, dass dies der Patron für alle diejenigen sei, die etwas verloren hätten, musste ich heftig widersprechen. Denn es gibt zwei Heilige mit Namen Antonius. Der erste heilige Antonius, der Eremit, ist der große Wüstenheilige und Vater der Mönche, der völlig zurückgezogen in der ägyptischen Wüste als Asket in einer Höhle lebte. Geboren um 251, starb er im Alter von 105 Jahren. Die Menschen haben ihm den Beinamen »der Große« gegeben, obwohl er nichts Gewaltiges für die Geschichtsbücher vollbracht hatte. Groß war er in der Liebe zu Gott, in seiner Hingabe und in seiner Hilfe Menschen gegenüber, die zu ihm in die Wüste hinauszogen, um seinen Rat einzuholen. Seine Reliquien ruhen in der Kirche Saint Julien in Arles/Frankreich. Und manche liebenswerten Zeitgenossen beten gern zu ihm: »Heiliger Antonius vom Schwein / schließ uns in Dein Gebet mit ein!«

Unser Heiliger dagegen, der heilige Antonius von Padua, lebte knapp 1000 Jahre später. Das ist der Antonius, der uns allen schon mal ein kleines Opfer abgerungen hat als Dank für das Wiederauffinden von verloren Gegangenem. Sicherlich können viele von uns ihre ganz persönliche Geschichte und Erfahrung mit dem Heiligen erzählen. Im Süddeutschen kennt man für ihn das Gebet: »Heiliga Antonius von Padua/ hilf suche, was i valore ha.«

Die Stille vor Gott

Was verbindet die beiden? Nicht nur der Name. Beide stammten aus wohlhabendem Elternhaus. Beide hatten ein Schlüsselerlebnis. Antonius der Große bezog die Evangelienstelle »Geh, verkaufe alles und gib es den Armen...« (Lk. 18, 22-24) ganz persönlich und unmittelbar auf sich und zog in die Wüste, um ein neues Leben anzufangen, nachdem seine Eltern gestorben und er für seine kleine Schwester ausreichend gesorgt hatte. Auch unser Antonius von Padua wollte nach seinem Schlüsselerlebnis ein neues Leben beginnen. Als Sohn eines adeligen Ritters wurde er 1195 unter den Namen Fernandez Martin de Bulhorn in der mächtigen Kathedrale von Lissabon getauft. Gleich nebenan befand sich das elterliche Haus. Bis heute steht sein Geburtshaus allen Menschen zur Besichtigung offen, die Einblick in sein Leben nehmen und sich von dem faszinierenden Lebensweg gefangen nehmen lassen. Fernandez wuchs in geordneten, wohlhabenden Verhältnissen auf.

Mit 16 Jahren trat Antonius in den Augustinerorden in Lissabon ein. Aber die räumliche Nähe zu seinen Verwandten und früheren Freunden, die ihn ständig im Kloster besuchten, wurde ihm lästig. Er suchte die Ruhe und Einsamkeit sowie die Stille vor Gott. So bat er seine Oberen darum, in ein Kloster, das weit weg von Lissabon liegt, wechseln zu dürfen. Sie entsandten ihn daraufhin nach Coimbra, der späteren großen Universitätsstadt Portugals. Der Konvent von Coimbra war auf den Namen Santa Cruz (heiliges Kreuz) geweiht. Dort genoss er eine vorzügliche theologische Ausbildung. Als Augustiner-Chorherr empfing er 1220 in Coimbra die Priesterweihe.

Vom Augustiner zum Franziskaner

Einige Zeit später hatte auch er sein Schlüsselerlebnis. Unweit des Klosters lebten in kleinen Einsiedeleien einige Franziskanerbrüder. Dieser ganz junge Orden, von Franz von Assisi gerade erst ins Leben gerufen, hatte sich der völligen Armut verschrieben. Man wollte dem armen Jesus von Nazareth immer ähnlicher werden, der »nicht wusste, wohin er sein Haupt legen sollte« (Mt. 8,20). Schon bald entsandte Franziskus die ersten Brüder als Missionare nach Marokko, um dort den Sarazenen das Evangelium zu verkünden. Aber diese Mission misslang, die Brüder wurden gefangen, gefoltert und getötet. Ihre Leichname wurden zurück nach Coimbra gebracht und im Augustinerkloster begraben, weil den Franziskanern als Bettelmönche keine entsprechenden Möglichkeiten zur Verfügung standen. Dies erlebte der junge Augustiner-Chorherr hautnah mit. Auch in ihm entbrannte der Wunsch, als Missionar hinaus in die Welt zu ziehen, um die Botschaft von Jesus Christus zu verkünden – selbst auf

■■■ **PADUA** ■■■

Der heilige Antonius von Padua mit der Lilie in der Hand und dem Jesuskind auf dem Arm

die Gefahr, dafür zu sterben. Aber als Chorherr der Augustiner war ihm dies nicht möglich, denn sie waren keine Missionare, sondern ihrem Kloster auf Lebenszeit fest zugewiesen.

So reifte in Fernandez der Wunsch, in den neuen, jungen Orden überzutreten. Nach langen Verhandlungen erlaubten es seine Oberen schließlich: Fernandez zog die einfache braune Kutte der Franziskaner an und nannte sich fortan Antonius. Dies sollte das sichtbare Zeichen dafür sein, dass für ihn ab jetzt ein neues Leben begann. Sofort drängte er darauf, ebenfalls nach Marokko ziehen zu dürfen.

Gemeinsam mit einem Mitbruder trat er die Reise an. Unmittelbar nach seiner Ankunft in Marokko zog er sich eine schwere Krankheit zu und Antonius erkannte, dass Gott etwas anderes mit ihm vorhatte. Auf der Rückreise nach Portugal (er hat seine Heimat nie wiedergesehen!) erlitt er Schiffbruch und strandete an der Küste Siziliens. Nach seiner Genesung eilte er zum Generalkapitel nach Assisi, welches sich an der »Portiuncula«, der Urzelle der franziskanischen Bewegung, vor den Toren der Stadt versammelte. Hier lernte er auch Franz von Assisi kennen. Er erwartete vom Orden einen neuen Auftrag, aber niemand nahm von ihm Notiz. Die Brüder wurden in verschiedene Provinzen geschickt, nur Antonius blieb

••• **PADUA** •••

allein an dem kleinen Kirchlein zurück. Der Ordensprovinzial der Romagna, Bruder Graziano, nahm ihn mit, damit er in der Einsiedelei von Montepaolo bei Forli mit den Brüdern die heilige Messe feierte. Für Antonius war dies der richtige Platz. Hier konnte er in der Abgeschiedenheit Gott loben und ehren.

Der gewaltige Festredner

Dann aber geschah etwas Unvorhergesehenes. Im September 1222 fand in Forli eine Priesterweihe statt, zu der auch die Brüder der Einsiedelei von Montepaolo eingeladen waren. Als man nach einem Redner für das Festmahl suchte – keiner der Brüder wollte sich zur Verfügung stellen –, wurde Antonius bestimmt, von dem man sich, weil er als ungebildet galt, eine unterhaltsame Blamage erwartete. Aber es kam ganz anders: Antonius beeindruckte seine Zuhörer durch eine flammende Rede, entpuppte sich als messerscharfer Denker, ausgewiesener Theologe und glühender Exeget. Die Mitbrüder waren sprachlos.

Damit waren die ruhigen Zeiten vorbei. Sein Schlüsselerlebnis sollte auch der Startschuss gewesen sein für die theologische Qualifizierung des jungen Franziskanerordens. Antonius durfte weiterpredigen und setzte sich als gewaltiger Redner in Szene. Er wanderte durch ganz Norditalien. Die Ruhe und Stille, nach der er sich immer gesehnt hatte, war vorbei. Seinen Predigten folgten Wunderzeichen, seinen Wunderzeichen die Menschen, die ihn hören wollten. Antonius geriet in Konflikt mit den Albigensern, einer

Auch im quirligen Padua gibt es Orte der Stille.

Sekte, die lehrte, dass alles Böse von einem Gegengott geschaffen sei. Das Allerschlimmste für die Albigenser war das »Geschlechtliche«. Das sei die Sünde schlechthin! Auch lehrten sie, dass Christus nur einen Scheinleib gehabt und nur zum Schein, aber nicht wirklich gelitten habe. Auch lehnten sie jeglichen Fleischgenuss ab, da Fleisch für sie unrein war. Einzig der Fisch galt als rein.

Die Fischpredigt und das Eselswunder

Die berühmte Fischpredigt erzählt folgende Geschichte: Eines Tages kam Antonius in die Stadt Rimini, in der fast alle Brüder Albigenser/Katharer waren. Niemand wollte ihn hören. Nur die Fische. Sie stellten sich im Wasser in Reih und Glied auf, zuerst die kleinen, dann die großen Fische, und streckten ihre Köpfe aus den Wellen. Antonius predigte den Tieren mit so viel Liebe und Begeisterung, dass diese zustimmend nickten, als ob sie ihn verstünden. Immer mehr Menschen strömten am Strand zusammen, um sich staunend das Schauspiel anzusehen. Sie wurden auf diese Weise Zeugen eines Wunders und ließen sich wieder zum wahren Glauben bekehren. Ein wunderschön gestalteter Brunnen, der neben dem Geburtshaus des heiligen Antonius in Lissabon steht, erzählt von diesem Mysterium. Eine weitere Geschichte soll sich in Rimini zugetragen haben. Die Bürger der Stadt glauben bis heute an die historische Echtheit dieses Ereignisses, zumal die kleine Kirche des Hostienwunders im Zweiten Weltkrieg unversehrt blieb, während 70 Prozent aller Gebäude Riminis in Schutt und Asche lagen. Die Menschen glauben daran, dass »Il Santo«, der Heilige, seine Finger im Spiel hatte. Und es soll weitere Wunder gegeben haben: Nach seinen Predigten über die heilige Eucharistie, die von den Katharern abgelehnt wurde, verlangte ein stadtbekannter Mann namens Bonillo nach einem Zeichen. Man holte daraufhin einen ausgehungerten Maulesel, der drei Tage nichts gefressen hatte, und legte ihm herrliches Futter vor die Füße. Gleichzeitig zeigte Antonius dem Tier die konsekrierte Hostie in der Monstranz. Der Esel kümmerte sich daraufhin nicht um das köstliche Futter, sondern kniete vor der Monstranz nieder. Das überzeugte Bonillo außerordentlich, und er ließ sich bekehren – mit ihm viele Bürger der Stadt.

Franziskus schickte seinen Ordensbruder nach Südfrankreich, um auch dort den Katharern Paroli zu bieten. Antonius erhielt den Beinamen »Ketzerhammer«, weil er für seine Gegner unbequem und mit Worten nicht zu besiegen war. Es schien nur folgerichtig zu sein, dass man nach seinem Tod den Körper verwest, seine Zunge aber unverwest fand – diese Reliquie ist heute ein Ziel der Pilger, die aus aller Welt nach Padua kommen.

Lehrer der hochheiligen Theologie

Antonius erhielt den Auftrag, in aller Demut seinen Brüdern die »hochheilige Theologie« zu lehren. In einem knappen Schreiben des Franziskus an Antonius heißt es: »Dem Bruder Antonius, meinem Bischof, wünsche ich, Bruder Franziskus, Heil. Es gefällt mir, dass Du den Brüdern die heilige Theologie vorträgst, wenn Du nur nicht bei diesem Studium den Geist des heiligen Gebetes und der Hingabe auslöschest, wie es in der Regel steht.« Das war für Antonius Auftrag und Sendung. Franziskus nannte ihn Bischof. Aufgabe des Bischofs war die ungekürzte Weitergabe des Glaubens, darum diese Anrede des Minderbruders Franziskus. In den Jahren 1223 und 1224 sah man Antonius als Professor der Theologie in Bologna, 1229–1231 als Lehrer der Theologie an der Schule des Franziskanerordens in Padua. Am 3. Oktober 1226 starb Franziskus. Sofort eilte Antonius nach Assisi, um am Grab seines Vorbildes zu beten und am Generalkapitel teilzunehmen. 1227 wurde er zum Provinzial seines Ordens für die Region Norditalien gewählt. Er predigte an vielen Orten und verlangte seinem Körper viel ab. Im Jahr 1230 schickte ihn das Generalkapitel nach Rom zu Papst Gregor IX., um die Regeln des Franziskanerordens zu interpretieren. Der Papst war so begeistert, dass er ihn vor seinen Kardinälen predigen ließ.

Antonius wird Baumheiliger

Krank und in großer Sehnsucht nach Stille und Einsamkeit schrieb er noch in Padua seine Fastenpredigten. Auf dem Landgut Camposampiero fand Antonius einen Nussbaum mit einer weitausladenden Baumkrone. Hier wollte er seine Zelle haben. Sein Freund Graf Tiso ermöglichte ihm den Bau dieser Baumhütte. Eines Abends ging der Graf durch den Garten und sah in der Baumzelle ein grelles Licht. Er dachte an Feuer und sah nach. Aber was er da durch eine Ritze sah, ließ ihn erstaunen und erschrecken: Antonius hielt das Jesuskind auf seinem Arm. Und das Jesuskind streichelte die Stirn des frommen Mannes. Vom Jesuskind ging ein unbeschreiblicher Glanz aus, heller als das Sonnenlicht. Antonius entdeckte den Grafen Tiso und bat ihn, über das, was er gesehen hatte, zu schweigen. Der Graf hob seine Zusage erst nach dem Tod des Heiligen auf. Aufgrund dieser Geschichte wird Antonius vielerorts mit dem Jesuskind auf dem Arm dargestellt.

Der Tod des Gottesrufers

Am 13. Juni 1231 starb Antonius in Arcella bei Padua. Seine letzten Worte galten der Gottesmutter, die er ein Leben lang verehrt hatte, und dem gewaltigen Schöpfergott. »Ich sehe den Herrn«, flüsterte er, und begann die Bußpsalmen zu beten. Dann schloss er für immer die

PADUA

Augen, erst 36 Jahre alt. Unzählige Menschen begleiteten ihn auf seinem letzten Weg. In einen Marmorsarkophag wurde er in der Kirche S. Maria Mater Domini in Padua beigesetzt. Bereits ein Jahr später, zu Pfingsten 1232, wurde er nach einem geordneten kirchenrechtlichen Verfahren in Spoleto durch Gregor IX. heiliggesprochen: die schnellste Heiligsprechung der Kirchengeschichte! Sofort begann der Bau der Grabeskirche und am 8. April 1263 überführte man seinen bis auf die Zunge verwesten Leichnam dorthin. 700 Jahre später, am 30. Mai 1946, wurde Antonius durch Papst Pius XII. mit dem Titel »Lehrer des Evangeliums« zum Kirchenlehrer erhoben.

Antoniusbrot und Patron der Verlierer

Wunderschöne Kirchenbilder zeigen Antonius, wie er Brot verteilt. Für ihn gehörten Worte und Werke zusammen. Antonius schenkte den Menschen Brot für ihren Leib und Gottes Wort für ihre Seele. So gibt es heute Bruderschaften und Kreise, die diesen Brauch wieder mit neuem Leben füllen. Bis auf den heutigen Tag zeugen Opferstöcke mit der Aufschrift »Antoniusbrot« von der Liebe des Heiligen zu den Armen und Bedürftigen. Antonius wurde zum Patron aller Verlierer im wahrsten Sinne des Wortes. Auch er hatte verloren mit seinem Missionseifer. Marokko wurde für ihn zu einer Glaubensschule. So dürfen wir einfachen Leute uns ganz getrost an ihn wenden, wenn uns etwas abhandengekommen ist. Er wird uns schon helfen! Und was ist uns nicht alles schon verloren gegangen an echter Frömmigkeit, an Gottesglaube, an Liebe zu den Menschen, an persönlichem Christuszeugnis im Alltag. Antonius kann für uns Menschen von heute zu einer echten Energiequelle werden.

INFORMATIONEN FÜR DEN PILGER

Padua
Eine der ältesten Städte Italiens (rd. 210 000 Einwohner); Wallfahrtsort, Ruhestätte des heiligen Antonius
Sehenswürdigkeiten
• Grab des Heiligen mit den Votivtafeln
• Zungenreliquie
• Scrovegnikapelle mit den weltberühmten

Fresken von Giotto
• Palazzo della Ragione
• Teatro Anatomico
Besondere Veranstaltungen
13. Juni: Großer Gottesdienst, Pilgertag
Weitere Infos
Informationen über Padua (mehrsprachig) unter: www.turismopadova.it

ROM

EIN PILGERWEG DER SIEBEN KIRCHEN

»Alle Wege führen nach Rom.« Das stimmt erst recht für Pilger. Es gibt zahllose Wege, die in die Ewige Stadt führen, zu Fuß über die Alpen, mit dem Bus oder dem Flugzeug. Aus allen Ländern pilgern Christen in die Metropole am Tiber. Hier liegen die Grabstätten der Apostel Petrus und Paulus, hier befindet sich mit dem Vatikan das Zentrum der Katholiken. Eine ganz besondere Pilgerreise ist der Weg zu den sieben Hauptkirchen der Stadt, die den Pilger zu den Wurzeln des christlichen Glaubens und den Heiligen der ersten Stunde führen – ein religiöses und spirituelles Erlebnis der besonderen Art, in einer Stadt, die nicht mit einem einzigen Besuch zu ermessen ist.

Das Wetter in Rom war für einen Herbst eigentlich zu warm, viele Menschen trugen in diesen Tagen im Oktober 2004 ihre Jacken über dem Arm. Die vielen Touristen, die an diesem Sonntagmorgen unterwegs waren, blieben an den vielen Sehenswürdigkeiten und Andenkenständen rund um den Vatikan nicht stehen. Alle wollten heute den Mann sehen und mit ihm, der wie kaum ein anderer vor ihm in einem Vierteljahrhundert die katholische Kirche geprägt und geführt hat, beten. Von weitem trug der Wind Musik zu den Pilgern, die auf der Via della Conciliazione unterwegs waren, herüber. Sie wurden Zeugen eines ergreifenden Schauspiels, das von religiöser Inbrunst und tiefer Gläubigkeit geprägt war: In einer langen Prozession zogen Sinti und Roma zum Petersplatz, trugen auf ihrem Weg eine riesige Madonna auf einer Sänfte, deren Stangen an allen vier Seiten von jeweils sechs Männern getragen wurden. In schwankendem Gang, offensichtlich ein bestimmter Pilgerschritt, trugen die Männer dieses riesige Gestell, auf der die Muttergottes umgeben von einem Blumenmeer über den Gläubigen thronte. Weihrauch, Gebete und Gesänge ergriffen nicht nur die Pilger aus dem fernen Land. Kurz vor dem Eingang auf den Petersplatz blieben sie stehen, um sich zu sammeln.

Die Zeugen der Prozession rissen sich los von diesem Schauspiel. Schließlich wollten sie noch einen guten Platz für das Angelusgebet mit dem Heiligen Vater finden. Viele tausend Menschen hatten sich eingefunden und warteten auf das Angelusgeläut der Peterskirche. Mit dem ersten Schlag der Glocke wurde das Fenster der Privatwohnung des Papstes geöffnet und der

Die Schweizergarde weiß Rat und gibt Pilgern Tipps für ihren weiteren Weg in Rom.

Teppich herausgehängt. Die Musik der Sinti und Roma setzte wieder ein und die Prozession sich wieder in Gang. Die Prozessionsteilnehmer wollten mit dem Papst und den Gläubigen auf dem Petersplatz beten. Mit dem letzten Glockenschlag hatten sie ihren Platz auf dem riesigen Areal gefunden. Als der Heilige Vater an das Fenster trat, brandete großer Jubel auf, den der von seiner Krankheit Gezeichnete mühsam winkend entgegennahm. Mit schon brüchiger Stimme begann er zu beten und die Menschen waren ergriffen von diesem Augenblick. Vielen war klar, dass dieser Mann auf dem Stuhl Petri die letzte Strecke seines Lebenswegs ging. Als der Papst geendet hatte, standen vielen Pilgern Tränen in den Augen, andere machten ein traurig-ernstes Gesicht: Die Menschen nahmen Abschied von Johannes Paul II.

■■■ ROM ■■■

Dass alle Wege nach Rom führen, ist ein Sprichwort. Aber wohin führt der Weg den Pilger in der Tiberstadt. Den Kunstbegeisterten in die Museen, den Geschichtsinteressierten zu den antiken Stätten, den Gläubigen in die Kirchen – und meist vereinen sich die Wege doch wieder, weil Kunst, Antike und Kirche in Rom oft eins sind.

Im 16. Jahrhundert belebte ein römischer Heiliger, Philippi Neri, der heilige Narr Gottes, eine Tradition neu, die lange vergessen war. Von den frühchristlichen Pilgern wurde erwartet, dass sie sieben Kirchen besuchten. Die Kirchen waren innerhalb eines Tages zu Fuß zu erreichen: San Pietro in Vaticano, San Paolo fuori Mura, San Sebastiano alle Catacombe, San Giovanni in Laterano, Santa Croce in Gerusalemme, San Lorenzo fuori le mura, Santa Maria Maggiore. In welcher Reihenfolge man diese Kirchen besuchte, war nicht so wichtig, aber aufgrund ihrer Lage war diese Besuchsreihenfolge die verbreitetste. Wer es geschafft hatte, der konnte sich nach dem Besuch einer heiligen Messe in einer dieser Kirchen und der Beichte seines

Gläubige auf dem Petersplatz beim Angelusgebet mit Papst Johannes Paul II.

Sündenerlasses sicher sein. Durch die Wiederaufnahme der Tradition hoffte der heilige Neri, das religiöse Leben in Rom zu erneuern. Mehrmals im Jahr lud er die Bevölkerung Roms und die Pilger, die in der Stadt weilten, zu der altchristlichen Tradition ein. Besonders groß war der Zuspruch an Karneval und zu Ostern. Zunächst folgte die einfache Bevölkerung der Stadt dem Pilgeraufruf, später erkannte auch der Adel und die höhergestellten Geistlichen, dass Wallfahrten das persönliche Glaubensleben erneuern können. Die Wallfahrten zu den sieben Hauptkirchen entwickelten eine lange, tiefe Tradition und erst um 1870 schlief sie wieder ein. Heute greifen wir sie wieder auf und betrachten Rom entlang dieses Weges, der von den christlichen Fundamenten kündet.

San Pietro in Vaticano, der Petersdom – Hauptkirche der katholischen Welt

Als unsere Pilgergruppe von der Via della Conciliazione auf den Petersdom zuging, konnte sie den Blick nicht von dem monumentalen Gebäude abwenden. Die Kolonnaden erinnern mit ihren beiden Bogen, die den ellipsenförmigen Platz umgeben, an riesige Arme, die sie und die zahllosen Besucher aus aller Welt umgreifen. Diesen gewaltigen Anblick verdanken wir Papst Alexander VII., der den Architekten und Bildhauer Gian Lorenzo Bernini damit beauftragte, einen Vorplatz für St. Peter zu schaffen. 284 dorische Säulen tragen den Gang der Kolonnaden. Auf ihrem Dach stehen 192 Heiligenfiguren aus der Schule Berninis, die seit Jahrhunderten die Pilgerströme in Rom beobachten. Man ist selten allein auf diesem weiten Platz, eine bunte, internationale Gemeinschaft der Christen trifft sich hier. Mitten auf dem Petersplatz steht der große Obelisk, der 25,75 Meter in die Höhe ragt und den Papst Sixtus V. hier aufstellen ließ. Die beiden Brunnen erinnern an vier Päpste, der zweite ist der Brunnen des heiligen Offiziums.

Bevor man die größte Kirche der Christenheit betritt, muss man eine Vorhalle durchqueren. Von deren Balkon wird ein neuer Papst verkündet und der jeweilige Papst spendet von hier aus an Ostern und Weihnachten den Segen »Urbi et Orbi« (der Stadt und dem Erdkreis). Vier Tore führen in das Innere der Kirche: von rechts die heilige Pforte, die sich nur alle 25 Jahre zum Heiligen- oder Jubeljahr öffnet, die Sakramentenpforte, das Mitteltor, das aus Alt St. Peter stammt, und schließlich noch »die Tür der Toten«. Geöffnet ist für die Besucherströme das Mitteltor. Man ist sprachlos, wenn man den Kirchenraum betritt, so gigantisch sind die Ausmaße, so ergriffen macht die Atmosphäre. Mit einer Länge von 211,5 Meter, einer Breite von 144,58 Meter und einer Höhe von 138 Meter ist das Innere des Petersdoms so groß, dass der Kölner Dom zweimal in dieses Kirchenschiff passen würde. Auf dem Boden gibt es

ROM

Markierungen, die anzeigen, welche Ausmaße die anderen großen Kathedralen dieser Welt haben. Der Petersdom kann bereits auf eine lange Geschichte zurückblicken. Zunächst wurde auf dem vatikanischen Hügel ein Zirkus außerhalb der Stadtmauern gebaut, der unter Nero um einen Palast ergänzt wurde. Hier auf dem »ager Vaticanus« gab es Gräberfelder, auf dem der Apostel Petrus nach seiner Hinrichtung im Jahr 64 begraben wurde. Kaiser Konstantin ließ die Gräber unterhalb des Hangs zuschütten und um das Grab des heiligen Petrus eine Basilika bauen. Der Altar in der Apsis wurde über das Grab des Petrus gebaut. Damit es aber weiterhin von allen Seiten frei zugänglich war, wurde ein Gang angelegt, der die Urform der Krypta bildete. Das 326 geweihte Gotteshaus wurde immer wieder umgebaut und in vielen Kriegen und Auseinandersetzungen schwer beschädigt. Da sich eine Erweiterung 1200 Jahre später als zu schwierig erwies, wurde 1506 der Grundstein zur heutigen Kirche gelegt.

Nach dem Betreten der Basilika führt der erste Weg viele Pilger in eine Kapelle des rechten Seitenschiffs. Staunend und ergriffen steht man vor der Pietà des Michelangelo. Leider ist die Statue nur noch hinter Glas zu bestaunen, da sie 1972 durch einen Anschlag schwer beschädigt wurde. Die tiefe Trauer einer Mutter über ihren Sohn ist hier in Stein gemeißelt. Wir Christen dürfen trauern, auch wenn wir um die Auferstehung wissen. Wir dürfen trauern, weil Maria getrauert hat und sich erst Ostern an der Auferstehung ihres Sohnes wieder freute. So wie sie trauern wir um unsere Verstorbenen und freuen uns mit ihr über die Auferstehung der Menschen, die wir gern haben. So wird aus der Pietà ein Bild der Hoffnung, aus dem Gequältsein Mariens die Hoffnung für uns alle auf die Auferstehung. Quer über der Brust der Muttergottes hat sich Michelangelo mit seinem Namen verewigt.

Für Pilger ein wichtiges Ziel in dem riesigen Dom ist die Figur des Petrus. Seinen rechten Fuß zu berühren soll Glück bringen. Kein Wunder, dass alle Pilger dort vorbeigehen. Der Fuß ist durch die vielen Hände, die ihn berührt haben, schon völlig blank gerieben.

Staunend steht man dann unter der Kuppel, die mit ihrem Durchmesser von 42,34 Meter und einer Höhe von 43,20 Meter das größte freitragende Ziegelbauwerk der Welt ist. Im Kuppelfries steht in zwei Meter großen Buchstaben das Zitat aus dem Matthäus-Evangelium, auf das sich das Papstamt bis heute beruft: »Tu es Petrus et super hanc patram aedi ficabo ecclesiam meam et tibi dabo claves regni caelorum« (»Du bist Petrus und auf diesen Felsen werde ich meine Kirche bauen und dir gebe ich die Schlüssel zum Himmelreich«). In diesem Satz festigt sich das Lehramt der Kirche und die Vormachtstellung des Bischofs von Rom als Papst

ROM

für die Kirche Jesu Christi. Direkt unter der Kuppel befindet sich der Papstaltar, der überspannt wird von Berninis bronzenem Baldachin. Darunter liegt die Confessio, das Grab des heiligen Petrus.

Vier Heilige umgeben in den Kuppelpfeilernischen mit einer Höhe von 4,50 Meter den Altar: Veronika, Helena, Longinus und der Apostel Andreas. Sie deuten auf die kostbaren Reliquien, die dort aufbewahrt werden bzw. wurden: auf das Schweißtuch der Veronika, das sie Jesus auf dem Kreuzweg reichte, ein Stück vom Kreuz, an dem Jesus umgebracht wurde und das Helena aus Jerusalem mitbrachte, die Lanze des Longinus, mit der Jesus durchbohrt wurde, und der Kopf des Apostels Andreas, der aber 1964 nach Patras überführt wurde. So feiern die Zeugen des Todes und der Auferstehung des Herrn mit den Pilgern um den Altar versammelt den Tod und die Auferstehung unseres Herrn in der heiligen Messe. In der Apsis steht die »Cathedra Petri«, flankiert von zwei lateinischen und zwei griechischen Kirchenvätern, darüber das Hl.-Geist-Fenster. Steigt der Pilger hinab in die vatikanischen Grotten, so befindet er sich auf dem Bodenniveau der konstantinischen Basilika Alt-St. Peter. 23 Gräber der 164 Papstgräber unter St. Peter findet der Pilger hier, auch das Grab von Johannes Paul II. Sie alle sind rund um das Grab des Papstes angeordnet, der von Jesus Christus selber bestellt worden ist und in dessen Nachfolge sie als »Diener der Diener« vom Herrn gestellt worden sind.

Der Petersdom ist ein Erlebnis, aber es gibt noch viele weitere Sehenswürdigkeiten in der »Ewigen Stadt«. Pilger sollten sich im Anschluss – wie gewöhnliche Touristen – an der Kasse zu den Vatikanischen Museen anstellen. Zumeist muss man hier ein wenig warten. Aber es lohnt sich, denn für viele Pilger ist der Höhepunkt und Hauptanziehungspunkt der Museen die Sixtinische Kapelle mit ihren einzigartigen Fresken. Schnell lassen die Gläubigen all die anderen Schätze der Museen hinter sich. Dann stehen sie endlich in der Sixtinischen Kapelle, dem Ort, an dem die Konklave abgehalten werden. Die Kapelle ist mit ihren Bildern ein Glaubenszeugnis und eine »Bilderbibel« in fantastischen Farben, die fasziniert und in ihrer Pracht den Atem nimmt. Die Altarwand wird vom Jüngsten Gericht eingenommen: Der Richter steht in der Mitte, die Engel blasen Posaunen zum Gericht und die Menschen steigen hinauf zum Himmel oder werden hinabgestoßen in die Tiefen. Michelangelo hat sich selber in der abgezogenen Haut des Märtyrer Bartholomäus verewigt, schmerzverzerrt ist sein Gesicht. Vor diesem Gemälde wird dem Pilger bewusst, was die Bibel, was Jesus mit dem Endgericht meint: Trennung von Gut und Böse – Menschen, die Gott und andere Menschen

ROM

geliebt haben und diejenigen, die nur sich selbst kannten. Hölle wird zu einer Abkehr Gottes von dem Menschen. Christ sein bekommt für Pilger wieder die Bedeutung, sich vom Teufel ab- und den Menschen zuzuwenden. An der Decke findet man das Gemälde, das einzig und allein viele Menschen hierherführt: die Erschaffung des Adam. Oft kopiert, in vielen Variationen überall auf der Welt zu haben, ist es doch einzigartig. Viele Pilger sind erstaunt über die Größe des Bildes, eines unter vielen, doch gar nicht herausgehoben. Gottvater schafft den Menschen durch eine kleine Berührung des Fingers, durch den die Energie des Körpers des Creators zu fließen scheint. Fest schauen sich Adam und Gott in die Augen. Schöpfer und Geschöpf bilden eine Einheit, als Betrachter fühlt man sich zurückgeworfen auf den Schöpfer. Natürlich sind auch die anderen Bilder aus dem Alten Testament, die Propheten und Sybillen beeindruckend, gerade dann, wenn man bedenkt, dass sie Michelangelo ohne Hilfe gemalt hat, was für damalige Zeiten höchst ungewöhnlich war. Die Sixtinische Kapelle – ein tiefes Erlebnis für Gläubige.

Der Innenraum des Petersdoms mit dem Vierungsaltar und dem Baldachin

Verlässt man den Vatikanstaat über die Via della Conciliazione und taucht als Pilger in das quirlige Leben Roms ein, dann sieht man schon in gerader Flucht die Engelsburg. Sie war der letzte Zufluchtsort der Päpste, als Römer oder fremde Truppen das Kirchenoberhaupt gefangen nehmen oder umbringen wollten. Den Gläubigen wird bewusst, wie der Weg der Kirche von einem Auf und Ab gekennzeichnet war. Der Weg des Pilgers führt nicht nur zu Fuß durch Rom, sondern auch mit der U-Bahn. Auf dem Weg zur nächsten Station, zum nächsten Ziel, überlegen die Pilger, was Petrus bedeutet: Petrus der »Apostelfürst« war

Fischer am See Genezareth und wurde mit seinem Bruder Andreas von Jesus zum Jünger berufen. »Du bist Petrus, der Fels, und auf diesen Felsen will ich meine Kirche bauen«, so sind die Worte Jesu überliefert und deshalb wurde er schnell zum Sprachrohr der Jünger und später der Stellvertreter Christi für die Anhänger Jesu. Dreimal verleugnete er den Herrn vor der Kreuzigung, bereute es aber bitterlich. Er nahm die ersten Heiden in die Kirche auf und unternahm schon früh Missionsreisen. Petrus leitete das erste Apostelkonzil im Jahr 50 und kam vor 64 nach Rom, um in der Hauptstadt des Weltreichs die Frohe Botschaft zu verkünden. Es macht Mut zu wissen, dass Gott den Lebensweg von uns Menschen begleitet und zu uns hält, selbst dann, wenn man seinen Weg verlassen hat. Im Jahr 64 ließ Kaiser Nero Rom anzünden und bezichtigte die Christen, für viele Römer eine Sekte, der Tat. Während der Verfolgung wurde auch der Apostel Petrus umgebracht, man kreuzigte ihn mit dem Kopf nach unten. Gedanken an die Ursprünge des christlichen Glaubens mitten in einer pulsierenden Metropole – modernes Pilgern kann ungewöhnlich und inspirierend sein in dieser einzigartigen Stadt.

San Paolo fuori le Mura – ein Papst neben dem anderen

Die Pilger sind an ihrem Ziel, besser gesagt, an einem Ziel ihres Weges: San Paolo fuori le Mura. Der Name deutet schon an, dass die Kirche des heiligen Paulus außerhalb der aurelischen Stadtmauer liegt. Wenn die Gläubigen das Grundstück betreten, sind sie wieder auf vatikanischem Staatsgebiet. Seit Abschluss der Lateranverträge ist Sankt Paul vor den Mauern Exterritorialgebiet des Vatikanstaats. Man erinnerte sich daran, dass der Apostel Paulus römischer Staatsbürger war und 67 n. Chr an der Via Ostiense enthauptet, später auf einen Friedhof näher an der Stadt, aber an der gleichen Straße, beigesetzt wurde. Kaiser Konstantin ließ zuerst eine kleine Gedenkstätte über dem Grab des Völkerapostels errichten, 386 wurde dann der Bau einer Basilika begonnen. Bis zum Bau des Petersdoms war sie die größte Kirche der Christenheit. Schweigend betreten Pilger heute die Basilika, lassen sich einfangen von der Atmosphäre des gewaltigen Raums und seiner langen Geschichte. Hier ist man Paulus ganz nah. Das Säulenatrium umschließt den Garten mit einem Denkmal des Heiligen, das Entschlossenheit ausstrahlt, mit dem Wort Gottes hinaus in die Welt zu gehen. Jeder Schritt im Mittelschiff aus dem 13. Jahrhundert, das Pilger dem großem Baldachin über dem Altar und dem Apostelgrab näher bringt, ist ein Schritt hin zu den Wurzeln des Glaubens. Wie bei anderen Patriarchbasiliken darf an diesem Altar nur der Heilige Vater die Messe zelebrieren oder ein Priester mit der Erlaubnis des Heiligen Stuhls. Im Dezember 2006 stießen Forscher des Vatikans auf einen Steinsarkophag. Der Sarg befindet sich etwa einen halben

Meter unter einer antiken Marmorplatte mit der Inschrift »Pavlo Apostolo Mart« (Dem Apostel und Märtyrer Paulus gewidmet). In den Deckel des steinernen Sarges ist ein Loch gebohrt, das früher wohl dazu diente, die Knochen des Apostels mit einem Stofftuch oder Ähnlichem zu berühren, bis es selbst zu einer sogenannten Berührungsreliquie wurde. Durch die Wiederentdeckung des Sarkophags können Pilger nun noch näher an den Völkerapostel heranrücken. Es ist jedem bewusst, dass ohne diesen Mann, der vom Christenverfolger zum Verkünder des Wortes in aller Welt wurde, das Christentum heute eine kleine Sekte wäre. An den Wänden oberhalb der Säulen der Basilika entdeckt man ein Band mit den Porträts aller Päpste. Es heißt, dass, wenn kein Platz mehr für ein weiteres Porträt frei sei, die Welt untergehe. Man muss unweigerlich lächeln, wenn man entdeckt, dass einfach eine zweite Porträtreihe begonnen wurde und so der Weltuntergang noch ein wenig warten muss. Dann nimmt aber Paulus den Pilger wieder ganz gefangen: Man erinnert sich, dass er beim ersten Apostelkonzil dabei war und sich erfolgreich dafür eingesetzt hat, dass jeder Mensch durch die Taufe Christ werden konnte. Ein Ereignis, das heute für jeden Christen eine Weichenstellung bedeutet. Im Jahr 61 traf Paulus, der sechs Jahre später Opfer der Christenverfolgung unter Nero wurde, mit Petrus in Rom zusammen.

San Sebastiano alle Catacombe – eine Kirche wird umbenannt

Die Eindrücke und Konfrontationen mit dem Glauben sind in Rom gewaltig. Eben noch Petersdom und Sixtinische Kapelle, dann Sankt Paul vor den Mauern – nirgendwo sonst sind die Wurzeln des Christentums so spürbar wie in Rom –, und die Pilger stehen erst am Anfang ihres Wegs. Mit dem Bus fahren sie entlang der Via Appia Antica. In der Antike war sie eine der wichtigsten Ausfallstraßen Roms. Sie ist 560 Kilometer lang und noch heute durchgehend befahrbar, meist auf dem alten römischen Kopfsteinpflaster, das die Pilger ordentlich durchschüttelt. Die Römer durften ihre Toten nicht innerhalb der Stadtmauern begraben und so wurden sie an den Ausfallstraßen beigesetzt. Da die Via Appia Antica eine der wichtigsten Straßen war, konnten die begüterten Familien hier ihren Reichtum auch in den Grabdenkmälern darstellen. Eines der bekanntesten ist das Grab der Priscilla, das die Pilger später noch besichtigen wollen. Die ärmere Bevölkerung schlug unterirdisch Nischengräber in das Erdreich, die wir heute noch als Katakomben kennen. Die bekanntesten, die heute von Pilgern besucht werden, sind die Callixtus- und Domitillakatakomben sowie die Katakomben unterhalb von San Sebastiano, die wir besuchen wollen. Sie sind nicht immer geöffnet, weshalb der Pilger sich vorab erkundigen sollte, welche besucht werden können. Die Kirche mit ihren Katakomben liegt außerhalb der aurelischen Mauer und wird deshalb auch San

ROM

Den Petersdom im Blick: Viele Pilger beginnen ihre Reise in Rom auf dem Petersplatz im Herzen der Stadt.

Sebastiano fuori le mura genannt. Die Ursprungsbasilika, die Kaiser Konstantin hier bauen ließ, war den Aposteln Petrus und Paulus gewidmet. Die Region hieß bei den Römern »ad catacumbas«. Wahrscheinlich weist es darauf hin, dass dort ein Schild oder ein Hinweisstein auf eine Gaststätte stand, die zwei oder mehr Lastkähne zeigten, denn in reinem Latein heißt ad catacumbas »bei den Lastkähnen«, nicht wie oft geschrieben wird »in der (Tal)Senke«. Wir erfahren, dass dieser Begriff bald für alle Grabstätten, die sich unter der Erde befanden, benutzt wurde. Daher stammt der Name Katakomben. Rechts vom Kircheneingang ist der Zugang zu den Katakomben, die nur im Rahmen einer Führung zu besichtigen sind. Bei den Ausgrabungen fand man zahlreiche Graffitis, die die Verehrung der beiden Apostelfürsten

ROM

Betende Gläubige in der »Ewigen Stadt«, die jährlich von Millionen Pilgern besucht wird

an dieser Stelle zum Ausdruck bringen. Zunächst war hier ein Feld, auf dem die heidnischen Römer ihre Toten bestatteten, dies zeigen die Funde in den Katakomben. Bis zur Mitte des 4. Jahrhunderts lässt sich auch eine christliche Nutzung nachweisen. Ab dieser Zeit nutzten ausschließlich Christen diesen Ort zur Bestattung ihrer Toten. Pilger steigen hinab in das Dunkel, lassen blauen Himmel, Alltagsgeräusche und laute Gespräche hinter sich. Ewas mulmig, etwas erwartungsfroh, etwas neugierig ist einem zumute – was kommt auf den Pilger hier in den uralten Katakomben zu? Überall findet man an den Wänden und auf Grabplatten die bekannten christlichen Symbole: der Fisch als Symbol für Christus, der Anker, das Symbol der Hoffnung, das Lamm mit der Siegesfahne der Auferstehung, ebenso das PX als Zeichen für Christus. Häufig sieht man auf den Grabplatten den Schriftzug »in christo« – mit und in Christus gestorben und mit ihm zur Auferstehung. Die Gänge sind meist eng, rechts und links die Grabstätten. Wir erinnern uns, dass hier während der Christenverfolgung die Menschen die heilige Messe gefeiert haben, mit ihren Verstorbenen im Gebet verbunden. Gebete, wie es sie heute noch gibt und die von Pilgern mit einem Vaterunser gern aufgegriffen werden – hier, in den dunklen, geheimnisvollen Katakomben.

Aber schon bald hat das Tageslicht die Pilger wieder, man sieht – in die Sonne blinzelnd – über einen Hof hinüber zu der kleinen Piazza mit dem Springbrunnen und der Säule mit einem Kreuz. Geht man in die Kirche, fällt zuerst die Holzkassettendecke auf, in deren Mitte sich der heilige Sebastian befindet. Hell und lichtdurchflutet wirkt der Raum. An seiner linken Wand unweit der Tür befindet sich ein Marmorstein, der in der Krypta gefunden wurde, mit einem Gedicht und Lobpreis von Papst Damasus auf den Märtyrer Eutychius. Dieser Märtyrer wäre sicherlich schon vergessen, wenn man nicht dieses Zeugnis des Papstes Damasus hätte. Vielen Pilgern stellt sich die Frage, ob man für seinen Glauben heutzutage so leiden würde. Gedanken, die einen nicht loslassen wollen, wenn man den Altar des heiligen Sebastian mit der antiken Urne sieht, in der sich die Reliquien des Heiligen befinden. Die

ROM

Marmorstatue zeigt Sebastian, der von einem Leichentuch spärlich bedeckt wird. Ein Pfeil steckt noch in seinem Oberschenkel. Als ob ein echter Leichnam in Marmor gegossen wurde, dem noch der Todeskampf in das Gesicht geschrieben steht. Zeugnisse des Glaubens, die Pilger an die ursprüngliche Kraft ihrer Religion erinnern. Durch die Tür am Altar kann man die Krypta des Heiligen erreichen. Auf der rechten Seite der Kirche befindet sich der »Altar der Reliquien« mit einer Kapelle, die Herzog Maximilian von Bayern 1625 ausschmücken ließ. Man sieht einen Pfeil, der den heiligen Sebastian bei seinem Martyrium durchbohrt hat, ebenso wie die Säule, an den ihn seine Peiniger gebunden haben. Schließlich findet sich hier der Stein mit den Abdrücken der Füße Jesu, den er hinterließ, als er dem Apostel Petrus bei dessen Flucht aus Rom erschien und ihn fragte: »Quo vadis? – Wohin gehst du?« Diese Frage ist eigentlich die Frage an jeden Christen: den Glauben bewahren, festhalten oder umdrehen und weggehen, wenn es schwierig wird. Mit diesen Gedanken lassen sich die Pilger auf ihrer Busfahrt zurück in die Stadt wieder vom Kopfsteinpflaster durchschütteln.

San Giovanni in Laterano – Mutter aller Kirchen

Der Pilgerweg durch Rom führt jetzt zur Laterankirche, die schon früh die Residenz der römischen Bischöfe wurde und bis heute den Titel »Omnium urbis et orbis ecclesarum mater et caput« – »Mutter und Haupt aller Kirchen der Stadt Rom und des Erdkreises« trägt. Sie ist noch heute der Sitz des Bischofs von Rom, nicht die Kirche St. Peter im Vatikan, wie viele Pilger glauben. Wird ein neuer Papst gewählt, so ist er erst in vollem Umfang Oberhaupt der katholischen Kirche, wenn er auf dem Bischofsstuhl in der Lateranbasilika Platz genommen hat. Eigentlich war die Kirche Jesus Christus dem Erlöser (S. Salvator) geweiht, später erst wurde sie Johannes d.T. geweiht. Geschichte und Geschichten der Kirche spielten sich hier ab. In fünf Laterankonzilen wurden Lehren der Kirche als verbindlich abgesprochen. 897 n.Chr. fand hier die Synode statt, die nicht zu den Lateransynoden zählt, weil sich Kirche hier von ihrer schlimmsten Seite zeigte und jedem vor

Nicht der Petersdom, sondern die Lateranbasilika ist der Sitz des Bischofs von Rom.

ROM

Augen führt, wie wechselhaft und manchmal wenig christlich die Geschichte der Kirche war: Bei der sogenannten Leichensynode verurteilte Papst Stephan VI. seinen Vorgänger Formosus zum Tod, ließ die Leiche schänden und schließlich in den Tiber werfen.

Es ist das Nebeneinander von alltäglichem, weltlichem und religiösem Leben, das Rom gerade für Pilger so facettenreich und einzigartig macht. Hupende Autos, Imbissverkäufer, hektisches Treiben einerseits und dann die Ruhe und Erhabenheit der steinernen Zeugen einer Zeit, die Christen zu den Wurzeln führt. Die riesengroßen Figuren auf der Laterankirche thronen über allem: Man sieht den eigentlichen Herrn der Kirche, Jesus, links Johannes den Täufer und rechts den Evangelisten Johannes, daneben verschiedene Kirchenlehrer. 1929 wurden hier die Lateranverträge geschlossen, die der Vatikanstadt die Staatlichkeit sicherten und

Tief ergriffen bewältigen viele Pilger die Stufen der Heiligen Treppe, der Scala Sancta.

▪▪▪ ROM ▪▪▪

die exterritorialen Besitzungen des Vatikans festlegten u.a. der Lateran selber, St. Paul vor den Mauern oder Castel Gandolfo. Dadurch stehen Pilger bei einer Wallfahrt in Rom immer wieder auf dem Grund und Boden des Vatikans. Die Türen des Hauptportals stammen von der antiken Kurie auf dem Forum Romanum und symbolisieren die dauerhafte Vormachtstellung durch den Papst. Pilger können in der Kirche zahlreiche Papstgräber finden, unter anderem in der Confessio das Grab des ersten Papstes nach dem Schisma der abendländischen Kirche, Martin V. In dieser Basilika stehen wir als Teil der Kirche, die in ihrer Geschichte trotz des Auf und Ab im Amt des Papstes Kontinuität im Glauben bewahrt hat. Man weiß sich darin eingebunden und fühlt, dass man dem Leben gegenübersteht als Mensch, der im Glauben ein festes Fundament hat.

Dieser tiefe Glaube zeigt sich dem Pilger in besonders emotionaler Weise gleich schräg gegenüber vom Lateran in den Überresten des Lateranpalastes. Im ältesten Teil gibt es die SS. Salvatore della Scala Sancta, in den jüngeren Teilen die Heilige Treppe, die Capella Sacta Sanctorum, die Capella di S.S. Silvestro. Staunend und beeindruckt steht man vor den Glaubenszeugnissen, die sich auf der Scala Sancta abspielen. Nur auf den Knien dürfen die Pilger nach oben, um zur Kapelle Sancta Sanctorum zu gelangen. Diese Treppe soll die heilige Helena aus Jerusalem mitgebracht haben. Auf ihr stieg Jesus Christus zu Pontius Pilatus hinauf. Die Stufen sind mit Nussbaumholz verkleidet, um den Marmor zu schonen. Auf der zweiten, elften und 28. Stufe fehlt ein Stück Holz, weil sich hier Blutstropfen des Herrn befinden. Im Andenken und mit Bittgebeten bewältigen die Pilger auf Knien langsam die Treppe, küssen auf ihrem Weg der Einkehr die Stufen. Alte und junge Menschen beten still nebeneinander und manche Träne wird vor Gott für Verwandte und Freunde vergossen. Für »aufgeklärte« Europäer ist dieser Glaube, diese unbedingte Hingabe, nicht allein mit Vernunft zu fassen. Was bleibt ist die Ergriffenheit über so viel Frömmigkeit und die Hoffnung, dass uns jemand in sein Gebet auf dieser Treppe der Hingabe einbezieht. Ein Gedanke bleibt: Warum tue ich es ihnen nicht gleich?

Viele Gläubige nehmen die normalen Treppen hinauf zur Sancta Sanctorum, die laut der Inschrift der heiligste Ort auf Erden ist – »Non est in Toto Sanctior orbe locus«. Hier werden kostbare Reliquien aufbewahrt: ein Dorn aus der Dornenkrone Jesu, das Rohr, mit dem man Jesus den Schwamm reichte, ein Teil des Abendmahltischs und Reliquien anderer Heiliger. Über dem Altar in der ehemaligen Hauskapelle des alten Lateranpalastes sehen wir eine fast lebensgroße Darstellung des Pancrators Christus auf dem Thron sitzend. Der Legende nach hat der heilige Lukas begonnen, diese Ikone anzufertigen, sah sich aber außerstande, sie zu Ende zu malen. Daraufhin sollen Engel gekommen sein, um das Bild zu vollenden. Ein schöner Gedanke für alle in der Pilgergruppe. Es wird vollendet, was wir allein nicht vermögen. Im rechten Seitenschiff befindet sich das Grab Sylvesters II., das von den Römern immer argwöhnisch beobachtet wurde. Denn immer, wenn ein Papst im Sterben lag, drang Dampf aus dem Grab und man hörte Geräusche, als ob Knochen aneinanderschlugen, erzählt eine alte Legende. Pilger, gib acht, aber man riecht und hört nichts!

Santa Croce in Gerusalemme

Der Weg ist weit, aber die Pilger machen sich wieder auf, gehen zu Fuß ihren Weg weiter, der sie zu den sieben wichtigsten Kirchen führt. Sie kommen östlich entlang der aurelischen Mauer zur Kirche Santa Croce in Gerusalemme. Bei Umbauten der Kirche im 12. Jahrhundert wurde ein Teil des Kreuztitels des Kreuzes Jesu gefunden, der in einer Bleikassette eingemauert worden war. Diese wurde 1492 hinter einem Ziegel mit der Aufschrift »Titulus Crucis«, »Die Kreuz-Inschrift«, wiederentdeckt. Weitere Reliquien rund um die Kreuzigung Jesu finden die Pilger in der Reliquienkapelle, die die Kaiserin Helena aus Jerusalem mitgebracht hat: ein kleines Stück aus dem Kreuz Jesu, ein Querbalken eines der Kreuze, an dem einer der beiden Verbrecher neben Jesus gekreuzigt wurde, zwei Dornen aus der Dornenkrone, ein Nagel vom Kreuz. Der merkwürdige Name der Kirche rührt von der Helenakapelle her, deren Untergrund mit Erde vom Kalvarienberg bedeckt gewesen sein soll. Natürlich erinnert man sich an die Erzählungen aus der Bibel über die Hinrichtung Jesu und Pilger sprechen gemeinsam ein Dankgebet für seine Erlösungstat. Dann führt der Weg weiter zur Kirche des Diakons Laurentius.

San Lorenzo fuori le mura – aus zwei Kirchen wurde eine Kirche

Schon unter Kaiser Konstantin wurde vor den Mauern der Stadt eine Kirche zu Ehren des Märtyrers Laurentius errichtet. Die Marienkirche von Papst Sixtus III. wurde unter Honorius III. mit der Laurentiuskirche verbunden, sodass eine Kirche entstand. S. Laurentius wurde dadurch zum Chor der »neuen Kirche« S. Laurentius. Man staunt über den Einfallsreichtum der Baumeister, die die Kirchen so harmonisch zusammengefügt haben. Die Reliquien des heiligen Diakons Laurentius, der der Legende nach auf einem Rost über einem Feuer umgebracht worden ist, ruhen unter dem Altar. Er soll über dem Feuer gesagt haben, dass die eine Seite jetzt gar sei, man könne ihn wenden. Humor ist also doch eine christliche Tugend. Mit dieser Erkenntnis fahren die Pilger zu ihrer letzten Station.

• • • ROM • • •

Santa Maria Maggiore – Schnee im August

Folgende Geschichte erzählt man sich: Der römische Kaufmann Johannes und seine Frau wünschten sich einen Sohn, der später einmal ihre Geschäfte weiterführen könnte. Am 5. August erschien den beiden die Madonna und versprach ihnen einen Nachfolger, wenn sie eine Kirche an der Stelle bauen würden, an der am nächsten Morgen Schnee liegen würde. Daraufhin eilten beide zum damaligen Papst Liberius, der die gleiche Vision gehabt hatte. Am nächsten Morgen war die höchste Erhebung des Esquilinhügels weiß und in dem Schnee waren die Umrisse der zu bauenden Kirche zu erkennen. Pilger betreten das Gebäude, das zu Ehren der Gottesmutter erbaut wurde, und sind erfreut, dass der großzügige Innenraum bis auf wenige Veränderungen im Originalzustand erhalten ist. Man staunt über die ältesten Mosaiken an der Hochwand in Rom. Für Pilger sind die Mosaiken am Triumphbogen und in der Apsis mit Abbildungen aus dem Neuen und Alten Testament sowie der Krönung Mariens etwas ganz Besonderes. Man entdeckt viele Personen und Symbole, Tiere und Pflanzen, Gebäude und Stadtviertel. Unweigerlich beginnt man zu suchen, jedem fällt eine Geschichte zu den »Entdeckungen« ein. Pilger erfahren, was es heißt in einer »Bilderbibel« zu lesen und wie viel man für sich selbst und für den eigenen Glauben erfahren kann. Die Confessio unterhalb des Papstaltars, die sich auch noch in dieser Kirche befindet, soll übrigens ein Teil der Krippe von Bethlehem sein.

Die Wallfahrt ist zu Ende, man ist einen historischen Weg in der »Ewigen Stadt« gegangen. Für gläubige Pilger hat der Weg jedoch gerade erst begonnen – mitten im hektischen Alltag Roms und erst recht daheim in den Gemeinden.

INFORMATIONEN FÜR DEN PILGER

Rom
Hauptstadt Italiens (rd. 2,5 Mio. Einwohner); Vatikan als eigenständiger Staat ist Sitz des Papstes
Sehenswürdigkeiten
Neben den sieben Hauptkirchen gibt es zahllose andere bedeutende Bauwerke in Rom, u.a.
• San Pietro in Vincoli

• San Clemente
• Pantheon
Besondere Veranstaltungen
• Kar- und Ostertage mit Kreuzweg im Kolosseum
• Angelusgebet
Weitere Infos
www.commune.roma.it

SANTIAGO DE COMPOSTELA

AUF DEM JAKOBSWEG ZU SICH SELBST FINDEN

Wer ist denn nun der »wahre Jakob«? Diese Frage beschäftigte mich in einer langen Nacht Anfang der 90er-Jahre, als ich hinter dem Steuer eines Kleinbusses saß und von Fatima über Porto und Vigo Richtung Santiago de Compostela fuhr. Voller Begeisterung erzählte mein Beifahrer, ein erfahrener Reiseleiter, vom Jakobsweg.

Ich hatte wohl davon gehört, war aber bislang noch nie dort gewesen. In dieser Nacht fasste ich den Entschluss, mich mehr mit dem uralten Pilgerweg zu beschäftigen. Sofort stellte sich die Frage, wo der Weg, der Camino de Santiago, denn eigentlich beginnt und warum er seit über 1000 Jahren gegangen wird. Warum heißt er Sternenweg? Was ist das für eine Sehnsucht, die die Pilger vorwärtsdrängt? Und was sind das für Leute, die alles hinter sich lassen und wochen- oder monatelang zum legendären Grab des heiligen Apostels Jakobus pilgern, zu Fuß, zu Pferd, mit dem Fahrrad, einzeln und in Gruppen? Zu welchem Jakobus? Denn in den Apostellisten tauchen mindestens zwei Jünger Jesu mit diesem Namen auf. Wer ist denn nun der wahre Jakob?

Der »wahre« Jakobus

Jakobus stammte aus Betsaida von der Nordseite des Sees Genezareth. Dort führte sein Vater Zebedäus ein mittelständisches Fischereiunternehmen, sein Bruder hieß Johannes. Man nimmt an, dass die Mutter Salome war, eine der Frauen, die am Ostermorgen zum Grab Jesu eilten. Jesus, der Wanderprediger vom See, rief Jakobus und Johannes unmittelbar vom Boot weg in seine Nachfolge, machte sie zu »Menschenfischern« und nannte sie respektvoll »Boanerges« (Donnersöhne). Sie gehörten zum engeren Jüngerkreis, schauten die Verklärung Jesu auf dem Berg Tabor mit eigenen Augen, waren bei der Auferweckung der Tochter des

Müde, erschöpft, glücklich – einer von vielen Pilgern vor der Kathedrale in Santiago

SANTIAGO DE COMPOSTELA

Synagogenvorstehers Jairus dabei, verschliefen aber am Ölberg die dunkelste Stunde ihres Freundes. Mit dem Schwert wollten sie draufhauen. Ihre Mutter hatte ganz unverblümt bei Jesus schon mal um die besten Plätze im neuen, so ganz irdisch gedachten Reich nachgefragt. Aus solchem Holz geschnitzt, machte sich Jakobus nach der Auferstehung auf den Weg, um bis an die Grenzen der Erde das Evangelium zu verkünden. Bis Spanien soll er gekommen sein, aber seine Missionierungsversuche scheiterten kläglich. Enttäuscht kehrte er nach Jerusalem zurück und wurde als Erster der Apostel im Jahr 44 nach der Zeitenwende von Herodes Agrippa mit dem Schwert hingerichtet. Mehr Fakten lassen sich nicht belegen. Alles andere ist reine Spekulation. Sicherlich war er nicht der Leiter der Jerusalemer Urgemeinde, der auch Jakobus hieß. Das dürfte wohl der Herrenbruder gewesen sein, dem Jesus als der Christus nach seiner Auferstehung persönlich erschien. Auch hat unser Jakobus nicht den gleichnamigen Brief geschrieben, den wir im Neuen Testament nachlesen können. Und wenn wir den Jakobus des Alten Testaments hinzunehmen, den mit der Himmelsleiter, dann haben wir in den biblischen Schriften schon fünf Männer dieses Namens! Was macht unseren Jakobus so interessant? Ich hab's entdeckt! Ich ließ mich von ihm anstecken – wie viele andere auch.

Auf dem Weg sein – mit den Füßen beten

Endlich ist es für die Schar der Jakobspilger so weit. Mit einer kleinen Gruppe steigen sie den Ibaneta-Pass hinauf. Um ehrlich zu sein: Erst auf halbem Weg fangen sie an zu laufen und spüren bald, wie beschwerlich der Anstieg ist. Es ist Sommer und heiß. Die Sonne brennt vom Himmel, und zum Jakobusfest am 25. Juli wollen sie in Santiago mitfeiern. Die Rucksäcke drücken, im Laufen noch ungeübt, die Wasserflasche ziemlich leer, so stehen sie da und staunen über die großartige Landschaft der Pyrenäen. Bergkuppen mit ihren Baumgrenzen, verschlafene Dörfer unten im Tal. Viel Zeit bleibt nicht, denn sie wollen hinauf auf die Passhöhe, 1132 Meter hoch, zu der kleinen Kapelle San Salvador mit dem Glöckchen aus grauer Vorzeit, das den ermatteten Pilgern nach anstrengendem Aufstieg bei Wind und Wetter den richtigen Weg weist. Neben der Kirche stecken sie kleine Pilgerkreuze in die Erde, neben das Karlskreuz (Cruz de Carlomagno). Sie hören von der Rolandsaga und der legendären Schlacht um Pamplona, etwa um 778 n. Chr. Der Rolandstein interessiert nicht so sehr, vielmehr diese neu errichtete Kapelle an alter Stelle, denn hier stand einst ein Benediktinerkloster mit einem Pilgerhospiz. Die Mönche hatten sich die Pflege und Betreuung der erschöpften Pilger zur Aufgabe gemacht. An genau dieser Stelle wollen die Jakobspilger sich spirituell einstimmen auf den Weg, der nun immer westwärts gehen soll Richtung Santiago, 787 Kilome-

SANTIAGO DE COMPOSTELA

ter entfernt. Gern vollziehen sie hier die uralten Riten: Sie beten um eine gute Pilgerschaft und der Pilgersegen wird gespendet. Der Leiter der Gruppe verteilt die Muschel, die früher erst am Zielort Santiago, gewissermaßen als Beweisstück der Pilgerreise, ausgehändigt wurde, heute aber das Zeichen der Jakobspilger schlechthin ist. Den Pilgern dient die Muschel als Ausweis und Trinkgerät. Und so unterschiedlich die Menschen auf dem Camino sind, so unterschiedlich sind auch die Pilgermuscheln in Größe und Farbe. Keine Muschel gleicht der anderen, jede ist einmalig. Wie im richtigen Leben. Und noch etwas ist für jeden Pilger wichtig: der Pilgerpass, das »Credencial«, den man bei einer der Jakobusgesellschaften bekommt. Der Pass bestätigt, dass man auf traditionelle Weise unterwegs nach Santiago ist und berechtigt zur Übernachtung in Pilgerherbergen. Am Ziel wartet die Pilgerurkunde.

Mit dem Lied »Zu Dir schick ich mein Gebet, das um Deine Hilfe fleht, heiliger Jakobus…« beugen die Pilger die Knie westwärts Richtung Santiago, bekreuzigen sich und ziehen mit dem Ruf der Jakobspilger »Ultreja« (»vorwärts, immer weiter«) auf einem holprigen Weg durch Eichenwälder hinab nach Roncesvalles. Man atmet die frische Höhenluft, erfreut sich an den Blumen, steigt über einen Bachlauf und durch die Baumreihen hindurch, sieht hoch oben majestätisch Adler ihre Runden ziehen. In dem Ort Roncesvalles, der eigentlich nur aus dem einstigen Augustinerkloster und wenigen Gebäuden besteht, führt der Weg vorbei an der Pilgerherberge zur Stiftskirche Santa Maria. Im Inneren umfängt die Pilger eine wohltuende Atmosphäre. Sonnenstrahlen, die etwas Licht in den Kirchenraum bringen, lassen die Glasfenster erstrahlen. Eine ganze Weile steht die Gruppe vor dem versilberten Zedernholzbild der Muttergottes unter ihrem Baldachin. Jeder ist mit seinen Gedanken beschäftigt. Auf was habe ich mich da eingelassen? Ist dies der richtige Weg für die Sinnsuche meines Lebens? Was sind das eigentlich für Leute, die jetzt mit mir unterwegs sind? Welche Erwartungen mögen die wohl haben? Sie grüßen Maria mit einem Lied als Mitpilgerin, denn sie zog einst mit ihrem Sohn Jesus und ihrem Mann Josef jedes Jahr zu den Wallfahrtsfesten nach Jerusalem hinauf. Jetzt erst entdecken die Pilger in der rechten Seitenkapelle die mannshohe Jakobusfigur. Dort steht der Heilige mit seinem langen Pilgerstab in der Hand, den breitkrempigen Pilgerhut auf dem Kopf, verziert mit der Muschel. Sein Pilgermantel mit der Pelerine hüllt ihn gut ein und auch die Pilgertasche zählt zu den Insignien, den Erkennungszeichen. In der linken Hand hält er das Evangeliar, die Frohe Botschaft von Jesus Christus, die ihn drängte, das Wort Gottes auch an den entlegensten Orten der damals bekannten Welt zu verkünden. Für den Apostel wurde sein Freund Jesus zum Leitstern seines Lebens, ihm wollte er folgen wie einem hellen Stern in dunkler Nacht. Mit ihm war er unterwegs. Dies wurde

SANTIAGO DE COMPOSTELA

seine »Sternstunde«, sein Sternenweg. Nicht umsonst wird der Jakobsweg auch als »Sternenweg« bezeichnet. Die Legende erzählt, dass das Wiederauffinden des Jakobgrabs, etwa um 813 n. Chr., durch helle Sterne angezeigt wurde. Darum Santiago de Compostela – Jakobus vom Sternenfeld. Im Lateinischen wird aber »stella«, der Stern, mit zwei »l« geschrieben. Oder kommt dieser Name eher von dem lateinischen Wort »compostum« = Friedhof? Es ist jedenfalls Tatsache, dass man bei Ausgrabungen unter der Kathedrale einen römischen Friedhof gefunden hat.

Der Weg, der mit der Sehnsucht beginnt: Lange hätte man hier in Roncesvalles bleiben und den kleinen Kreuzgang betrachten können, den Kapitelsaal und die Schatzkammer mit dem Schachspiel Karls des Großen. Man hätte auch das »Silo Carlo Magno« besuchen können, die Grablege der Gefallenen, die bei dem Hinterhalt der Mauren (oder waren es doch die Basken?), dem auch Roland zum Opfer fiel, ihr Leben lassen mussten. Oder man hätte noch mehr von dem navarresischen König Sancho VII., dem Starken, erfahren können, der aufgrund einer Krankheit über zwei Meter groß gewesen sein soll. Wichtiger ist für die Pilger allerdings das alte, verwitterte Wegekreuz am Ortsausgang von Roncesvalles. Es wird erzählt, dass dies das älteste Wegekreuz auf dem gesamten Jakobsweg sei. Nur schwer

Der prächtige Altar mit Jakobus im Zentrum steht in der Kathedrale von Santiago de Compostela.

lassen sich figürliche Darstellungen erkennen, aber dass es sich um ein Doppelkreuz handelt – Vorderseite und Rückseite zeigen jeweils ein eigenes Bildnis –, kann man sofort entdecken. Auf vielen dieser Wegmarkierungen sieht man in der Regel Jesus am Kreuz, auf der Rückseite häufig eine Mariendarstellung. Solche Kreuze markieren den Camino an Schnittstellen und Gabelungen. Die Richtung allerdings geben gelbe Pfeile an, die fast lückenlos den Pilger Richtung Westen zum Jakobusgrab führen. Man lernt im Laufe der Jahre aber auch Pilger kennen, die keine Pfeile benötigen, die sich stattdessen leiten lassen von einem inneren Kompass, der Sehnsucht heißt. Das ist das Geheimnisvolle des Jakobsweges: Er ist der Weg, der mit der Sehnsucht beginnt und vorwärtsdrängt. Ein solcher Weg braucht keine Wegmarken, um schneller ans Ziel zu kommen. Wichtig ist das Unterwegssein mit leichtem Gepäck, das Leben in der Vorläufigkeit, das Wagnis und das Abenteuer. »Die Sehnsucht ist der Anfang von allem«, hat einmal die Schriftstellerin Nelly Sachs geschrieben. Wie recht sie doch hatte.

Eunate, das geheimnisvolle Kirchlein

Die Stadt Pamplona liegt hinter den Pilgern und sie sind nun auf dem Weg nach Puente la Reina, zu der Brücke, die wirklich königlich bezeichnet werden darf. Die kleinen Abstecher sind oft die interessantesten Routen am Camino. Einer von ihnen führt durch weite Felder mit herrlichen Blumen und Kräutern nach Eunate. Die Gruppe geht schweigend hinter dem Pilgerkreuz her, das einige Frauen aus der Gruppe liebevoll geschmückt haben. Jeder geht für sich und ist in Gedanken versunken. Nur Schwärme von Zeisigen und Distelfinken turnen in den Bäumen und zwitschern nach Herzenslust. Schon von weitem sieht man das achteckige Kirchlein Santa Maria de Eunate aus dem 12. Jahrhundert, ein romanisches Kleinod, auf freiem Feld. War es ein mystischer Ort des Templerordens für ihre geheimen Treffen? War es ein Pilgerfriedhof? Vieles spricht für die letzte Version, da bei Ausgrabungen Gräber mit Skeletten und Muscheln gefunden wurden. Also Pilger auf dem Rückweg vom Jakobusgrab? Als Sterbehaus könnte das einzige zum Kirchlein gehörende Gebäude gedient haben, das »Haus des Einsiedlers«, so wie es bis heute genannt wird. Die Pilger staunen über das Oktogon des Kirchleins mit seinen Arkaden und Rundbogen. Irgendwie fühlt man sich an die Grabes- und Auferstehungskirche von Jerusalem erinnert oder auch mit seinem achteckigen Grundriss an den Aachener Dom. Im Innern der rätselhaften Kirche wartet Maria, thronend mit ihrem Sohn als Zentrum. Herrlichste Romanik! Fahles Licht fällt durch die Alabasterscheiben und empfängt den Besucher mit einer ganz besonderen Stimmung. Hier kann man nur schweigen und beten. Die Pilgergruppe feiert Gottesdienst und vergisst dabei nicht die vielen Pilgerinnen und Pilger, die im Laufe der Jahrhunderte bereits ins »himmlische Jerusalem« eingegangen sind. Danach verlassen sie die Umgangsmauer mit Säulenkapitellen rätselhafter Wesen und pflanzlichen Ornamenten. Sie holen sich den Stempel für das Stempelbüchlein, dem Nachweis der zu Fuß zurückgelegten Wegstrecken zur Erlangung der sogenannten Compostela. Diese wird im Pilgerbüro von Santiago all denjenigen feierlich ausgehändigt, die die letzten 100 Kilometer zu Fuß gegangen sind oder 200 Kilometer per Rad oder mit dem Pferd absolviert haben. Die Rucksäcke werden geschultert, man nimmt den Wanderstab in die eine und den Rosenkranz in die andere Hand und folgt dem gelben Pfeil. »Heilige Maria, heiliger Jakobus, bittet für uns Sünder, jetzt und in der Stunde unseres Todes…« Der Weg hat die Pilger wieder.

Motive und Wege

In der Geschichte der Christenheit kennen wir drei große Pilgerziele: Rom, Jerusalem und Santiago de Compostela. Seit alters her machten sich Menschen auf den Weg, um an diesen heiligen Orten ihres Glaubens zu feiern. Manche wollten mit ihrer Pilgerreise ein Gelübde erfüllen, andere Dankeschön sagen für eine erhörte Bitte, andere gingen schon im Mittelalter diesen Weg als auferlegte Buße, zum Beispiel bei Brandstiftung und Häresie, wieder andere mit einer Bitte um Heilung. Wir wissen, dass heutzutage viele Pilger eine Auszeit nehmen, um mit sich selber ins Reine zu kommen, zum Beispiel bei schwierigen Berufsentscheidungen, auch drängt andere die Neugierde auf fremde Kulturen und Länder. Junge Leute in heutiger Zeit sehen die Bewältigung der 800 Kilometer langen Strecke durch Nordspanien oft unter sportlichen Gesichtspunkten und entdecken im Unterwegssein etwas von der Spiritualität des Weges. Sie stellen die Sinnfrage ihres Lebens neu. Früher wollten sich Menschen mit einer Pilgerschaft auch ganz gepflegt aus einer Affäre ziehen, um zum Beispiel den Gläubigern entkommen oder nicht an einem Kreuzzug teilnehmen zu müssen. Zudem gab es Berufspilger, die für andere gegen Bezahlung den Pilgerweg unter ihre Füße nahmen. Eine Gräfin ließ im 14. Jahrhundert acht Berufspilger zur gleichen Zeit für sich gen Santiago wallfahren. In der Vergangenheit und in heutiger Zeit wieder neu, werden Verurteilte auf den Jakobsweg geschickt, gewissermaßen als Zeit der Resozialisierung. Im Mittelalter war dieser Weg sehr gefährlich. Viele Pilger starben unterwegs durch Erschöpfung oder wurden überfallen und umgebracht. Die wichtigste Motivation, die Pilger zu allen Zeiten und aus aller Welt auf den Jakobsweg führt, ist allerdings immer noch die tiefe Verehrung des Apostels, eines ganz engen Freundes von Jesus. Zu diesem Freundeskreis will man gehören, um ihm ganz nahe zu sein, und da ist es dann unerheblich, ob die Knochen im silbernen Schrein wirklich »echt« sind. Vieles spricht dafür, manches dagegen.

■ ■ ■ ■ **SANTIAGO DE COMPOSTELA** ■ ■ ■ ■

Der »Große Weg des heiligen Jakob« ist die »via Turonensis«. Pilger aus Nordeuropa, Holland, aus Deutschland (Aachen) wählen diesen Weg gern, der über Paris, Orléans nach Tours führt. Dort machen die Pilger wie auch schon Kaiser und Könige Station am Grab des heiligen Martin, der auch auf dem Jakobsweg sehr verehrt wird. In der Apsis der Kirche von Fromista befinden sich Statuen des heiligen Jakobus und des heiligen Martin. Der Pilgerweg führt dann über Poitiers, wo der heilige Hilarius gewirkt hat, nach Bordeaux bis zum Pyrenäeneinstiegsort St. Jean-Pied-de-Port. Ein weiterer großer Pilgerweg durch Frankreich geht von Vézelay in Burgund aus und ist bekannt unter dem lateinischen Namen »Via Lemovicensis«. In Vézelay ruhen die Reliqien der heiligen Maria von Magdala, die man dorthin »überführt«, eigentlich geraubt hatte. 1146 rief hier in Vézelay der heilige Bernhard von Clairvaux zum zweiten Kreuzzug auf, hier verhandelte 50 Jahre später Richard Löwenherz den dritten Kreuzzug. Also eine geschichtsträchtige Stadt. Heute besuchen Pilger gern die herrliche gotische Kathedrale mit großartigem Skulpturenschmuck. Der Weg streift Cluny, wo einst das bedeutende Reformkloster stand – heute nur noch Ruinen –, und das in damaliger Zeit mehr Macht hatte als Rom und dem 1000 andere Klöster unterstanden. Zielpunkt dieser Route ist ebenfalls St. Jean-Pied-de-Port. Auch ein dritter Weg mündet hier, die »Via Podensis«, welche in Le Puy anfängt. Bei der Eroberung der Burg von Lourdes im 8. Jahrhundert spielte der Bischof von Le Puy eine bedeutsame Rolle. Vor der Gnadenmadonna legte der Sarazenenführer Murat, der die Burg in Lourdes hielt, sein Schwert nieder, um sich der Himmelskönigin zu ergeben und nicht den Franken unter Karl dem Großen. Über Conques gelangen die Pilger nach Rocamadour, ebenfalls ein wichtiger Wallfahrtsort. Hier wird ein unbekannter Eremit verehrt oder war es der Legende nach der kleine Oberzöllner Zachäus? In Moissac bestaunen die Pilger das Südportal eines Benediktinerklosters mit dem Thema des Jüngsten Gerichts. Der vierte Weg, die »Via Tolosana«, beginnt in Arles. Hier sammeln sich die Pilger aus Italien und dem Osten. Über Montpellier geht es nach Toulouse durch eine dicht bewachsene Gebirgsgegend. Der weitere Weg führt dann über den Somportpass, wo das berühmte Hospital von Santa Cristina stand, nach Spanien. Dort, wo sich alle Wege treffen, befindet sich die Brücke, die alle Wege nun zum Camino Frances vereint.

Es gibt aber noch weitere Routen: von Bilbao an der Nordküste der Iberischen Halbinsel entlang durch das »Grüne Spanien« nach Santiago. Sehr wahrscheinlich ist dies der erste Weg, den die Pilger gegangen sind. Er heißt »Camino del Norte« und verläuft an der kantabrischen Küste entlang, durch wunderschöne Landschaften zwischen den Bergen, durch Wälder und kleine Fischerdörfer. Nicht vergessen werden darf die »Via de la Plata« von Sevilla aus durch

Extremadura und Salamanca nach Compostela. Man nennt sie auch »Silberstraße«. Sie ist eine historische Handelsroute. So nutzten die Jakobspilger die gute Infrastruktur, um von Südspanien nach Norden zu gelangen. Die Doppelnutzung aus wirtschaftlichen und religiösen Motiven führte zu einem kultur- und kunsthistorischen Reichtum. Auch durch Portugal zieht eine Pilgerroute zum Grab des Apostels.

Puente la Reina

An der »königlichen Brücke« kommen die Pilgerstrecken zusammen, die von Frankreich her über den Ibaneta- und Somportpass nach Spanien führen. Ein modernes Pilgerdenkmal erinnert daran. Ab jetzt ist man auf dem »Camino Frances«, dem »französischen« Weg. Obgleich man sich in Nordspanien befindet, heißt er so. Man geht entlang der schnurgeraden Straße, die durch den Ort zur Brücke führt, vorbei an der Johanniterkirche »Crucifijo« mit dem Y-artigen Kreuz, das ein Pilger aus dem Rheinland bis hierher trug, und der Jakobuskirche mit dem »Schwarzen Jakobus«. Auf der Kirchturmspitze brüten Storchenpaare. Als Pilger kann man sich auch an den roten Geranien erfreuen, die die Fenster schmücken, oder die alten Türen der Häuser bestaunen. Man geht schweigend weiter. An der Pilgerbrücke aus dem 11. Jahrhundert, die mit sechs Bogen den Rio Arga überspannt und von der Gemahlin Sanchos III. gestiftet wurde, wird die Geschichte von Xori, dem kleinen Vögelchen, erzählt, das der Statue der Jungfrau Maria mit Schnabel und Flügeln den Staub von ihrem Gesicht wegwischte. Daraufhin zogen alle Bewohner des Ortes zu dieser Brücke und feierten ein großes Fest. Die Stelle, an der diese Statue stand, ist auch heute noch zu sehen. Da der Ort auch einige kleine Geschäfte hat, soll jetzt jeder Teilnehmer Lebensmittel nach freier Wahl einkaufen, die dann für die ganze Pilgergruppe zu einem Picknick zusammengestellt werden. Dies ist für viele Gruppen, die hierhin kommen, zu einem festen Ritual geworden. Irgendwo an einer schönen Stelle unterwegs – auf dem Jakobsweg gibt es herrliche Picknickplätze – breitet man dann ein Tuch aus und jeder legt seine erstandenen Leckerbissen darauf. Das ergibt nicht nur ein schönes Bild, sondern wird zu einem äußerst vielseitigen Festmahl. Gerade das gemeinsame Essen, auch das »Einkaufen für andere«, festigt die Pilgergemeinschaft auf ihrem langen Weg nach Santiago. So finden sich in manchen Pilgertagebüchern, deren Schreiber täglich wechseln, lustige Anekdoten über das üppige Pilgermahl. Selbstverständlich werden auch andere Wallfahrer zum Essen eingeladen. So entstehen herzerfrischende Begegnungen. Ab und zu werden auch Adressen ausgetauscht und irgendwann trifft man sich auf dem Camino wieder, in der Herberge, in einer Kirche oder auch in einer kleinen Bar beim köstlichen Rioja-Tröpfchen.

■ ■ ■ **SANTIAGO DE COMPOSTELA** ■ ■ ■

Kirchen, Klöster, Kathedralen

Es gibt viele schöne Orte am Camino. Besonders liebenswert sind die kleinen Kirchen, oft versteckt und äußerlich unansehnlich, meistens verschlossen. Sie öffnen zu lassen, ist immer spannend. Häufig hat eine alte Frau im Dorf den Schlüssel, Pfarrhäuser gibt es auf dem Weg

Pilgern in modernem Wander-Outfit – und mit der Jakobsmuschel am Rucksack

eher selten. Auch in Spanien ist das Problem des Priestermangels bekannt. An der Pilgerausrüstung sieht eine solche Frau gleich, was man will. Im Innern der Kirche steht man nicht selten überrascht vor uralten Fresken und freut sich über die dort ausgestellten Heiligen. Jakobus grüßt schon als alter Bekannter und Vertrauter. Aber die alte Frau ist immer noch da, natürlich hat sie schon den Stempel für den Ausweis in der Hand. Ganz sicher bleibt sie so lange, bis man ihr das Trinkgeld, das berühmte Schlüsselgeld, in die Hand gedrückt hat. Wahre Kleinode sind solche Dorfkirchen oder Kapellen, man muss sie nur entdecken, dafür lohnt sich schon mal ein kleiner Umweg. Und dann gibt es noch die großen Klosterkirchen mit ihren Kreuzgängen. Sie vermitteln ein Gefühl von Erhabenheit und innerer Ruhe, führen zurück in vergangene Jahrhunderte und sind Stein gewordene Zeugnisse lebendiger Gottsuche. Der meditative Gang durch die Kreuzgänge war für Generationen von Mönchen der ganz persönliche Pilgerweg durchs Leben im Einklang mit Gott. Das im Benediktinerkloster von Silos im romanischen Kreuzgang zu sehende Relief »Christus als Pilger« lässt die Frage nach den ersten Pilgern aufkommen. War es Christus oder die Weisen aus dem Morgenland, die sich aufmachten, oder müsste man schon mit Abraham beginnen, der von Ur im Lande Chaldäa wegzog und im Gelobten Land mit Gott einen Bund schloss? Auf den Pilger machen die Kathedralen die gewaltigsten Eindrücke, zum Beispiel in Burgos oder Leon. Welch eine Symphonie aus Glas und Licht. Da kann eine echte Pilgergruppe nur einstimmen in das Lied »Ein Haus voll Glorie schauet weit über alle Land, aus festem Stein erbauet…«. An solchen heiligen Orten ist es wichtig, Zeit zu haben, ganz bewusst dort einzutreten, die Schwelle zu überschreiten. Wie viele Pilger werden hier schon aufgetankt haben für ihren weiteren Weg, wie viele Pilger werden hier die Kühle des Raumes genossen haben, wenn es draußen richtig heiß ist? Schade, dass in spanischen Kirchen und Kathedralen keine richtigen Kerzen angezündet werden dürfen, sondern nur die elektrischen Kerzenstummel.

Foncebadon – das »verlassene Dorf«

Foncebadon – so verlassen ist es heute nicht mehr, aber bei früheren Pilgerreisen konnte man es so erleben. Die Pilgergruppe kommt von Rabanal, dort befindet sich gegenüber der alten Kirche eine recht nette Pilgerherberge. Die alte Tradition wird dort wieder lebendig: Eine kleine international besetzte Benediktinergemeinschaft – darunter auch deutsche Brüder – hat sich vor einiger Zeit an diesem Kirchlein angesiedelt und betreut die Pilgerinnen und Pilger wie in alten Zeiten. Sehr beeindruckend sind die stimmungsvollen Gottesdienste abends und in der Früh, bevor es in der Pilgerherberge wieder ruhig wird. Der Weg führt die Pilger anschließend durch Ginster- und Heidekrautfelder hinauf auf 1450 Meter zum verlassenen Dorf Foncebadon, um das sich so manche Schauergeschichte von gefährlichen großen Hunden gesponnen hat. Das Kirchlein, ehemals Schafstall, wurde inzwischen wieder hergerichtet als Pilgerherberge und Kirche zugleich. Ein ganz interessanter Ansatz: Essen und Schlafen, Beten und Ausruhen – wie sehr gehört das doch zusammen. Man geht durch dieses Dorf bergan, vorbei an windschiefen und mit Brettern sowie Wellblech vernagelten Häusern bis zum Ortsausgang. Dort trifft man auf eine Ruine, in der einmal im 10. Jahrhundert ein Landeskonzil einer mozarabischen Kirche stattgefunden hat. Mozaraber nennt man die spanischen Christen, die arabische Wurzeln haben. Ein Konzil in diesem heute so gottverlassenen Dorf? Bis heute kennen wir in der Liturgie den mozarabischen Ritus. Vor wenigen Jahren wurde im altehrwürdigen Aachener Dom ein feierlicher Gottesdienst in eben diesem mozarabischen Stil gefeiert. Der Weg der Pilger führt nun hinauf zum Eisernen Kreuz, zum Cruz de Ferro. Nach etwa 50 Meter Höhenunterschied und dem Überqueren einer Straße sieht man schon einen schlanken, hohen Holzpfahl mit dem Eisenkreuz auf der Spitze. Kaum jemand hat laut gesagt, dass er einen Stein im Gepäck von zu Hause mitgenommen hat. Jetzt nehmen sie ihre Steine in die Hände und einem uralten Pilgerritus folgend legen sie diese auf den großen Steinhaufen, den die Pilger aus vielen Jahrhunderten um das Kreuz geschichtet haben. Symbolisch fällt dem einen oder anderen ein Stein vom Herzen, man spürt, dass jeder jetzt ein wenig Besinnung sucht. Unausgesprochene Fragen: Was liegt mir auf der Seele? Welchen Stein würde ich gern los? Welchen Stein will ich ins Rollen bringen? Zieht mein Stein Kreise, wenn ich ihn ins Wasser werfe?

Der keltische Berg

Der letzte große Pass vor Santiago heißt O Cebreiro. Von hier sind es noch genau 151 Kilometer westwärts bis Santiago. Ein Meilenstein mit der Muschel macht dies an der Grenze zu Galicien hin deutlich. Man nimmt den Anstieg von Herrerias (»Die Schmieden«) aus. Von nun an geht es durch eine herrliche Landschaft steil bergauf bis auf 1400 Meter hoch. Man geht durch Kastanien- und Eukalyptuswälder stetig bergan und kommt dabei mächtig ins Schwitzen. Dieser Pass mit seinem Höhendorf aus wenigen strohgedeckten Rundhäusern (»pallozas«) diente bereits in vorchristlicher Zeit als Übergang ins grüne Galicien. Kelten, die übers Meer kamen und an der Nordküste Spaniens an Land gingen, haben die Häuser gebaut und diese Passhöhe in einen mystischen Ort verwandelt. Noch heute hat dieser Berg etwas Geheimnisvolles. Meistens regnet es dort. Nebelschwaden umhüllen die Bergspitze.

In den Pallozas lebten bis in die 60er-Jahre noch Mensch und Tier in trauter Gemeinsamkeit, heute haben diese Gebäude eher musealen Charakter oder werden als Pilgerunterkunft vermietet. Das Zentrum des Dorfes jedoch ist die vorromanische Kirche »Santa Maria la Real«. Sie ist die älteste Kirche am Jakobsweg und stammt aus dem 9. Jahrhundert. Erbaut aus grauen Feldsteinen ist sie schlicht und wirkt aus diesem Grund würdevoll. Leise eingespielte Musik empfängt den Besucher und lässt ihn innerlich ruhig werden. In dieser Kirche wartet die Got-

SANTIAGO DE COMPOSTELA

tesmutter in Gestalt einer wunderschönen Statue auf den Pilger. »Wenn auf dem Jakobsweg nichts mehr geht, dann hilft nur noch Maria vom Cebreiro«, erzählt ein Pilgerfreund. In der Kirche feiert man auch ein eucharistisches Wunder, das sich um 1300 zugetragen haben soll. Ein Bauer aus dem Tal machte sich mitten im Winter auf, um an dem Gottesdienst auf dem Berg teilzunehmen. Der wenig gottgläubige Mönch, der die Messe lustlos zelebrierte, dachte sich: Nur wegen eines Stückchen Brotes und etwas Wein kommt dieser Mann den Berg hinauf. Das lohnt doch gar nicht! Doch bei der Wandlung vollzog sich das Wunder: Die Hostie wurde Fleisch, der Wein richtiges Blut. In der Seitenkapelle werden die zwei Ampullen mit dem Fleisch und Blut aufbewahrt, ebenso Kelch und Patene. Kann man dieses Wunder in die

Die berühmte Kathedrale in der Altstadt von Santiago, die seit 1985 zum UNESCO-Weltkulturerbe gehört

Suche nach dem sagenhaften Gral einsortieren? Oder doch besser als eucharistische Hervorhebung der Realpräsenz Jesu Christi in Brot und Wein? Kelch und Hostienschale sind heute Bestandteil des galicischen Wappens.

Der Pilgerweg geht weiter: Neben dem ehemaligen Hospital (seit 836) der französischen Mönche von Aurillac befindet sich eine uralte Pilgerherberge, die von Pilar geleitet wird. Der richtige Name dieser sehr couragierten und tatkräftigen Frau ist nicht so wichtig. Alle nennen sie Pilar, weil sie wie eine ruhende Säule in tosender Brandung dort agiert. Die Pilgerherberge ist famos, an lange Tischen setzt man sich, wie es vor vielen hundert Jahren die Pilger auch schon getan haben, man bekommt kräftiges, reichhaltiges Einheitsessen – vielleicht das beste Essen auf dem Pilgerweg! Dazu gibt es Brot und Wein. Hier fühlt man sich wohl. Zum Schluss zelebrieren die Pilger – nach entsprechender Vorbestellung – die Queimada, den Hexentrank, eine Art hochprozentige Feuerzangenbowle, die es in sich hat. Dazu die galicische Hexenbeschwörung »Uhus, Eulen, Kröten und Hexen, Dämonen, Kobolde und Teufel, Geister der verschneiten Einöden…« – die Stimmung ist perfekt und wird mit einem Stückchen Jakobstorte, Quittenmarmelade und Schafskäse abgerundet.

Ultreja – immer weiter, jetzt bis Santiago!

Nun ist der letzte Pass geschafft. Santiago naht. Erwartungen und Vorfreude werden größer und konkreter. Wie wird es sein, wenn man ankommt? Ist dann alles vorbei? Oder fängt es erst richtig an, wenn man wieder daheim ist? Nun wartet Lavacolla, der Bach, an dem sich die Pilger waschen, um sauber und wohlriechend am Grab des Apostels zu erscheinen, so dachten die Pilger in früheren Tagen. Dann geht es zum Monte del Gozo, dem Berg der Freude. Millionen von Freudenseufzern sind auf diesem kleinen Berg im Laufe der 1000-jährigen Pilgergeschichte schon ausgestoßen worden. Dort hat vor einigen Jahren Papst Johannes Paul II. mit Jugendlichen einen Weltjugendtag gefeiert. Man sieht das Pilgerdenkmal, überdimensionale Bronzefiguren in Pilgerkleidung, die nach Westen zeigen. Zum ersten Mal werden die Türme der Kathedrale von Santiago sichtbar. Unbändige Freude kommt auf. Alle rennen los – so will es der alte Pilgerbrauch –, und wer als Erster bei dem Denkmal ankommt, der wird zum Pilgerkönig oder zur Pilgerkönigin ausgerufen. Eine Pappkrone findet sich im Gepäck des Pilgerleiters und alle zollen dem Pilgerkönig tiefen Respekt. Der deutsche Nachname »König« hat hier seinen Ursprung. Die letzten Kilometer liefen sich ganz einfach, die aus Granit erbaute Stadt lockte und schon ging man an der Kirche San Lorenzo vorbei, folgte dem gelben Pfeil, gelangte über die Porta do Camino in die Altstadt, vorbei an kleinen

SANTIAGO DE COMPOSTELA

Geschäften, und stand dann auf dem großen, freien Platz vor der Kathedrale. Welch ein Glücksgefühl. Man ist angekommen. Viele Mitpilger sitzen schon auf diesem freien Platz, dem Prazza do Obradoiro, und schauen einfach auf die doppeltürmige Kathedrale, von der aus Jakobus grüßt. Einige weinen – vor Glück? Oder weil jetzt das Ziel erreicht ist?

Über die Freitreppe betreten die Pilger die Kathedrale und stehen nun vor dem »Portico de la Gloria«, dem berühmten Bauwerk des Meisters Mateo. Staunend steht man vor der »Pforte der Herrlichkeit«. Einem uralten Ritus folgend legt man die Hand in die Vertiefung der Mittelsäule, die den Stammbaum Christi darstellt. In den 1000 Jahren der Pilgerschaft haben hier die vielen Millionen Pilger für diesen Handabdruck in der Marmorsäule gesorgt. Auf der Säule sieht man Jakobus mit dem Stab in der Hand sitzend auf einem Thron. Über ihm Christus, der seine Hände mit den Wundmalen, den Zeichen der Erlösung, zeigt. Dann fallen die Apostel auf und die alttestamentlichen Propheten mit dem lächelnden Daniel. Die 24 Ältesten aus der Geheimen Offenbarung des Johannes halten längst vergessene Musikinstrumente in der Hand. Man hat sie nachgebaut und Konzerte gespielt. Man sieht Szenen des Jüngsten Gerichts und Bilder des Paradieses. Dann geht man durch das Langschiff und sieht in der Mitte über dem Altar die große Figur des Jakobus. Von der Rückseite her steigen die Pilger, dem Brauch gemäß, zum Apostel hinauf und umarmen ihn. Jetzt ist er unser Bruder geworden. Man will sein Freund sein. Danach kann man die Stufen hinabsteigen zu der Krypta mit dem silbernen Reliquienschrein. Über ihm hängt ein Silberstern. Wird er, wie auch dem Jakobus, Orientierung im Leben sein? Viele verweilen vor dem Schrein, einige knien nieder, beten und singen ganz leise, so leise, dass sich niemand gestört fühlt. Die Pilger sind angekommen am Ziel. Oder war der Weg bereits das Ziel? Um zwölf Uhr beginnt die tägliche Pilgermesse, leider nur in spanischer Sprache. Zu Beginn werden die Pilger begrüßt, die den Weg ganz zu Fuß geschafft haben. Der Ausgangspunkt und die Nationalität des jeweiligen Pilgers werden genannt. Die Kirche ist restlos voll mit jungen Leuten und jung gebliebenen Menschen, die hierher gekommen sind – zu Fuß, per Bus, mit dem Flugzeug oder auf dem Pferderücken, um den Nationalheiligen Spaniens zu verehren. Leider berücksichtigt dies die Liturgie in der Kathedralkirche von Santiago kaum.

Wenn das Fest des heiligen Jakobus (25. Juli) auf einen Sonntag fällt, dann ist »Heiliges Jahr« mit besonderen Riten der Pilger und zusätzlichen Gnadenerweisungen des Himmels. Dann zieht der Pilger durch den Ostchor in die Kathedrale ein, durchschreitet die heilige Pforte und zeichnet mit der Rechten das Kreuz in dem steinernen Türrahmen nach. Diesen Ritus

138

SANTIAGO DE COMPOSTELA

vollzieht man dreimal – so will es der Brauch. Und im Heiligen Jahr wird am Ende der heiligen Messe immer – und in anderen Jahren auf Vorbestellung – der 50 Kilogramm schwere »Botafumeiro« eingesetzt, das größte Weihrauchfass der Welt. Es hängt an einem dicken Tau vor dem Altar, wird von den Zelebranten mit Weihrauch gefüllt und von acht Männern hochgezogen bis unter die Kuppel. Dann schwingt es mit etwa 65 Stundenkilometer durch das gesamte Querschiff, rauchend und qualmend über die Köpfe der Menschen hinweg, die automatisch in Deckung gehen. Die Orgel fängt an zu brausen und der Zelebrant leitet schnell zum Schlussgebet über, weil es ihm um die Ehre Gottes und nicht um ein Spektakel geht. Natürlich hat dieses überdimensionale Räuchergerät auch einen praktischen Hintergrund: In der Vergangenheit sollte es für einen angenehmen Duft in der Kirche sorgen, nachdem Hunderte von Pilgern in ihr geschlafen hatten. Der klassische Pilgerweg nach Santiago ist nun zu Ende. Der Weg hatte ein Ziel: Aufbrechen, Unterwegssein, Ankommen. Die Faszination des Wegs waren nicht die Kirchen und Kathedralen, nicht die Bräuche und Riten, sondern das gemeinsame Leben mit leichtem Gepäck und die Suche nach dem wirklichen Stern des Lebens. War dieser Weg eine Sternstunde für alle? Für jeden ganz persönlich? Fängt er jetzt nicht erst richtig an, daheim, im Alltagstrott?

INFORMATIONEN FÜR DEN PILGER

Santiago de Compostela
Bedeutender Wallfahrtsort in der Region Galicien im Nordwesten Spaniens (rd. 92 000 Einwohner); Sitz des Erzbischofs

Sehenswürdigkeiten
- Plätze an der Kathedrale: Obradoiroplatz mit historischen Gebäuden (Gelmirezpalast, Hostal de los Reyes Catolicos, Rathaus, Universität) und Plateriaplatz (Platz der Silberschmiede)
- Portico de la Gloria
- Propheten mit Daniel
- Knieende Figur des Baumeisters Mateo
- Botafumeiro
- Heilige Pforte
- Krypta mit Silberschrein des Heiligen
- Altstadt mit Markthalle
- Museum des Pilgerwegs

Besondere Veranstaltungen
24. Juli: Feuerwerk über der gesamten Front der Kathedrale zur Begrüßung des Jakobusfestes
25. Juli: Jakobusfest

Weitere Infos
Informationen in mehreren Sprachen:
www.santiagoturismo.com

TSCHENSTOCHAU

AUF DEM WEG ZUR »KÖNIGIN VON POLEN«

Polen ist ein frommes Land. 91 Prozent der Bevölkerung bekennen sich zum katholischen Glauben. In der Verehrung der Schwarzen Madonna von Tschenstochau an einem der größten Wallfahrtsorte der Welt gipfelt die im Volk tief verwurzelte Frömmigkeit, der unbedingte Glaube an Gott und die grenzenlose Hoffnung auf die christliche Botschaft.

Jährlich kommen vier bis fünf Millionen Pilger aus rund 80 Ländern nach Tschenstochau, um ihre Fürbitten und Dankgebete vor die Madonna zu tragen. Vor allem in den Sommermonaten und ganz besonders zu den großen Wallfahrtstagen wie dem »Feiertag der Königin Polens« (3. Mai) oder »Mariä Geburt« (8. September) strömen die Pilger in die Industriestadt 200 Kilometer südwestlich von Warschau und etwa 100 Kilometer nordwestlich von Krakau. Neben den Pilgern aus aller Welt, die zumeist mit Bussen oder Flugzeugen anreisen, ist Tschenstochau auch für die polnischen Gläubigen ein beliebtes Ziel. Mehr als 50 Pilgerwege führen durch das ganze Land, die längsten sind bis zu 600 Kilometer lang. Drei Wochen sind manche Pilger unterwegs. Auf eine lange Tradition kann dabei die Warschauer Fußwallfahrt zurückblicken. Bereits im Jahr 1711 zogen Pilger von hier zum Fest »Himmelfahrt Mariä« (15. August). Jedes Jahr im September versammeln sich polnische Landwirte zum Erntedankfest in dem Wallfahrtsort. Mit prachtvollen Erntekränzen danken sie der Madonna für die Früchte ihrer täglichen Anstrengungen auf den Feldern und in den Gärten. In der Nähe von Tschenstochau gibt es zudem noch einige weitere kleinere Wallfahrtsorte, die berühmt und für Pilger sehenswert sind. Zu ihnen gehören Gidle, Mstow und Lesniow.

Maria – Trösterin der polnischen Seele

Auf der Autobahn war die Hölle los. Dichter Verkehr, dann die ersten Staus. Schon seit vielen Kilometern wurde auf die Vollsperrung der E 16 hingewiesen. Wir kamen aus Krakau mit dem Ziel Czestochowa (Tschenstochau). War es wieder eine dieser Baustellen, die ein Weiterkommen so mühsam machten, oder hatte sich ein Unfall ereignet? Nein, das Datum war

Der wertvollste Schatz Tschenstochaus ist das weit über die Grenzen hinaus bekannte Gnadenbild.

der Grund für die Blechkarawane: Es war der 14. August, und morgen wollten zahllose Pilger das Hauptfest der »Königin von Polen« auf dem »weißen Berg«, dem Jasna Góra, mitfeiern. Nun ist Polen über Nacht nicht wieder zum Königreich geworden, sondern am Fest der Aufnahme Mariäs in den Himmel wird die Schwarze Madonna mit ihrem Königstitel, den ihr das polnische Volk mit einer massiven Goldkrone im Jahr 1717 verliehen hatte, in ganz besonderer Weise geehrt und gefeiert. Wer sich nicht über die verstopften Straßen nach Tschenstochau quälen wollte, der gelangte über Umwege zum berühmten Kloster und heiligsten Gnadenort Polens. Aus allen Regionen kamen die Menschen – zu Fuß, in kleinen und großen Gruppen, als Einzelpilger oder aber ganz bequem mit dem Bus. Es bot sich ein buntes Bild: Wallfahrer schritten mit ihrem Pfarrer voran, singend und betend – und vor allen Dingen guter Laune. Man konnte es an ihren Gesichtern ablesen, dass sie freudig gestimmt waren. Besonders die vielen jungen Leute tanzten und lachten.

Buntes Leben vor der Klosteranlage

Die Pilgerreise nach Tschenstochau ist das eine, der Weg im Wallfahrtsort selbst etwas ganz anderes. Während die Gläubigen ihre Anreise meist ins Gebet vertieft und in sich gekehrt verleben, gibt es am Ort der Schwarzen Madonna ganz irdische Probleme. Eine der grundsätzlichen Fragen jeder Reise ist an diesem Wallfahrtsort gar nicht so leicht zu beantworten: Wo soll man übernachten? An eine Buchung in einem Hotel war überhaupt nicht zu denken, denn sie alle waren bereits überfüllt. Auch der Campingplatz war kein Ort der Ruhe und Beschaulichkeit. Auf den Wiesen vor der burgähnlichen Klosteranlage stand Zelt an Zelt, zwischen ihnen bunte Fahnen und Wäscheleinen. Hier waren nicht Hunderte von Pilger, nein, hier waren Zigtausende zusammengekommen. Und so bunt und quirlig war dann auch die Stimmung. Einfache Mahlzeiten wurden auf Gaskochern zubereitet, es duftete und qualmte überall, man stolperte durch die Zeltreihen hindurch und jeder musste fürchterlich aufpassen, dass er nicht über Abspannungen fiel. Luftmatratzen wurden aufgeblasen, Bauchladenkrämer und fliegende Händler kamen mächtig ins Schwitzen. Rucksäcke Blumen, Lautsprecher, Essgeschirre – welch ein herrliches Chaos. Menschen aller sozialen Schichten schienen sich aus ganz Polen – mit dem Schwerpunkt Schlesien und Oberschlesien – sowie aus den Metropolen Warschau und Krakau zusammengefunden zu haben. Auch Tschechen, Ungarn und Deutsche hatten den Weg auf den heiligen Berg gefunden. Vie-

Zur Wallfahrtskirche in Tschenstochau, der Basilika mit der Gnadenkapelle, strömen die Pilger aus aller Welt.

le der Pilger waren schon zwei Wochen vor dem großen Fest in ihrer Heimat aufgebrochen, um pünktlich am 15. August im bedeutendsten Marienheiligtum anzukommen. Tschenstochau war und ist das religiöse Zentrum Polens. In der Zeltstadt wurde aber nicht nur gekocht und gelacht, nein, da sah man auch zwischen den bunten Schlafstätten dieses riesigen Freilufttheaters viele betende Menschen. Sie hatten sich einfach hingekniet mit ihrem Rosenkranz in der Hand. »Maria, Muttergottes, Königin von Polen, bitte für uns.«

Wer die kurze oder lange Pilgerreise nach Tschenstochau auf sich genommen hatte, wollte sich nach der Ankunft gleich wieder auf den Weg machen und – verständlicherweise – möglichst schnell das berühmte Gnadenbild sehen, die Schwarze Madonna. Aber das war gar nicht so einfach, da zu viele Menschen das gleiche Ziel ansteuerten. Man musste sich quasi mit dem Strom der Gläubigen in das Innere des Klosters treiben lassen.

Die Schwarze Madonna in der Gnadenkapelle

Da stand man nun in dem restlos überfüllten Innenhof des Paulinerklosters. Der Orden der Pauliner, der sich auf den Wüstenheiligen Paulus (228 bis ca. 334 n.Chr.) als Ordenspatron beruft und von dem Ungarn Eusebius von Esztergom im 13. Jahrhundert gegründet wurde, unterhält und betreut diese wuchtige Klosteranlage mit dem polnischen Nationalheiligtum. Hier stehen Pilger auf historischem Boden. Die Basilika wurde im Jahr 1382 erbaut, mehrmals durch Brände zerstört und immer wieder neu errichtet. Sie wirkt beim Eintreten sehr hell und ist äußerst prunkvoll ausgestattet. Zentrum dieser spätbarocken Kirche ist der Hauptaltar mit dem Bild der Himmelfahrt Mariens.

Die Gnadenkapelle mit der berühmten Ikone ist eigentlich viel zu klein. Sie befindet sich vorn im linken Teil der Basilika. Sie kann gar nicht die Massen von Gläubigen fassen, die nach dem Empfang des Bußsakraments – man möchte ohne Sünden zur Muttergottes gehen – hineindrängen. Alle wollen die wundertätige Maria sehen und ihr, wie einer guten Mutter, die Anliegen und Bitten, die jeder Wallfahrer auf seinem Herzen hat, vortragen. Die Kapelle ist dreischiffig, unübersichtlich. Einige Gräber finden sich dort, dazu sieben Altäre. Ganz links ist der Altar mit dem Bild der Schwarzen Madonna auszumachen. Sie ist zunächst nur schwer zu entdecken. Irgendwie wirkt das Ganze mystisch und geheimnisvoll. Auch deshalb, weil das Bild mehrmals am Tag hinter einem Vorhang »versteckt« wird. Morgens wird die Ikone um 6 Uhr enthüllt. Um 12 Uhr wird das Marienbild wieder verhüllt, um dann am Nachmittag um 13 oder 14 Uhr wieder enthüllt zu werden.

TSCHENSTOCHAU

In der Gnadenkapelle befindet sich die berühmte Ikone.

Für viele Pilger ist der Weg nach Tschenstochau ein ganz tiefes Erlebnis, für alle ist die Begegnung mit Maria der Höhepunkt ihrer Reise. Manche umkreisen das Gnadenbild auf den Knien. Stundenlang standen sie dafür an und haben gewartet. Welch eine Geduld und Ausdauer, die nur aus tiefem Glauben kommen kann. Der Altar selbst besteht aus Eichen- und Ebenholz und ist mit Silber reich verziert. Als Schutz wurde ein Metallgitter rings um den Altar angebracht, an dem die Gläubigen Krücken und Gehhilfen nach erfolgter Gebetserhörung anbringen. Überall sind Votivtafeln zu sehen, Gaben und Geschenke an Maria für ihre Hilfe und ihren Beistand in schwierigen Lebenssituationen. Rechts vom Gnadenbild befindet sich eine goldene Rose, gestiftet von Papst Paul VI. Ein sinnvolles Geschenk: Maria ist wie eine Rose, die sich ganz öffnet, um den Menschen Wärme und Geborgenheit zu schenken.

TSCHENSTOCHAU

Diese Geborgenheit finden sie letztendlich nur bei Gott, der für alle die Liebe und die Hoffnung schlechthin ist. Auf diesen Gott haben die Menschen immer vertraut und sich von Maria trösten lassen in all ihren Prüfungen. Das ist echter polnischer Katholizismus: Glaube mit Gefühl, Herz und Verstand.

Ikone vom heiligen Lukas?

Die Wurzeln der Verehrung Mariens gehen weit zurück: Angefangen hat alles mit der Schenkung des schlesischen Herzogs Wladyslaw von Oppeln, der 1382 (oder 1384) dem Paulinerorden eine Kirche auf dem Jasna Góra schenkte, ebenso eine Ikone mit unbestimmter Herkunft. Über die Schenkung gibt es eine Urkunde aus dem Jahr 1474, die im Archiv der Wallfahrtsstätte aufbewahrt wird. Ikonenfachleute klassifizieren diese als eine »Hodigetria«, als eine Madonna, die den Weg weist. Und das tut sie ja auch, wenn sie jährlich mehreren Millionen Pilgern den Weg nach Tschenstochau weist und selbst auf Pilgerreise geht. Aber davon später. Diese Ikone in den Abmessungen 82 mal 122 Zentimeter ist gemalt auf einer Lindenholzplatte, die mit Leinwänden verschiedener Webdichte bespannt ist. Von Anfang an wurden ihr wundersame Taten zugeschrieben. Auch ihre Entstehung ist etwas Besonderes. Man sagt, der Evangelist Lukas habe sie gemalt. Das ist nichts Ungewöhnliches, denn viele Ikonen, zum

Statue der Muttergottes, deren Haupt von einem Sternenkranz umgeben ist, in Tschenstochau

TSCHENSTOCHAU

Beispiel in Klöstern der Mittelmeerinsel Zypern, werden ihm zugeschrieben. Der heilige Lukas, so erzählen fromme Legenden, habe diese Ikone 13 Jahre nach Christi Tod auf ein Brett des Küchentisches von Maria und Josef aus Nazareth gemalt. In Wirklichkeit aber ist dieses Bild im 6. oder 7. Jahrhundert im byzantinischen Stil entstanden. Die Heiligenscheine von Jesus und Maria sind vergoldet. Schon bald verbreitete sich in ganz Schlesien der Ruf der Wundertätigkeit dieses Gnadenbildes. Als im Jahr 1430 die Hussiten das Kloster überfielen, zerstörte jemand mit einem scharfen Schwertstreich das Bildnis. Die Kirche wurde verwüstet, die Kleinodien wie Perlenketten, die fromme Menschen der Ikone umgehängt hatten, wurden entwendet, liturgische Gegenstände gestohlen. Das Volk war außer sich vor Wut. In Krakau wurde das Bild wieder hergerichtet; man nimmt an, dass es übermalt wurde, denn das Gesicht hatte sich verändert. Geblieben sind die Narben auf der rechten Gesichtshälfte der Muttergottes. Modernste Technik weist heute den Schwertstreich nach, kann aber nicht erklären, warum die beschädigten Stellen der Wange mit Zinnoberrot unterstrichen wurden.

Im Jahr 1655 überfielen die Schweden Polen. 250 Mönche verteidigten erfolgreich die Klosterburg gegen 4000 schwedische Soldaten. Dieser außergewöhnliche Sieg wurde Maria zugeschrieben. Die Menschen glaubten, die Jungfrau habe die Geschosse der Schweden umgelenkt. Dies verstärkte die Verehrung der Ikone. So wurde Maria zur »Königin von Polen« und zur Patronin des ganzen Landes. Es bleibt ein Geheimnis, warum in den darauffolgenden Jahren das Gesicht immer dunkler, fast schwarz wurde. Die Menschen deuteten dies als ein erneutes Wunderzeichen. Ab dem 17. Jahrhundert wurde Maria bekleidet, wie wir es aus Spanien gewohnt sind, mit Goldgewändern und Brokatkleidern, besetzt mit Edelsteinen und Silberapplikationen. Dies entsprach dem damaligen Zeitgeist. Heute sieht man das anders und hat sie wieder befreit von diesem wertvollen Beiwerk.

Ein Zentrum des polnischen Widerstands

Tschenstochau ist ein ganz besonderer Ort – für die christliche Welt und speziell für Polen. Hier begann der Widerstand gegen Russlands Zaren. An diesem Ort betete man, als die protestantischen Preußen versuchten, sich Nordpolen einzuverleiben. Wie sehr wurde hier gegen das Reich Adolf Hitlers gebetet, wie erschrocken nahm man Kenntnis von dem Menschenvernichtungslager Auschwitz-Birkenau. Maria zwang den Kommunismus in die Knie, wie es die Marienerscheinung in Fatima vorhergesagt hatte. Auch der Zusammenbruch des Ostblocks im Jahr 1989 hat für viele sein geistiges Zentrum in Tschenstochau. Bedeutende Personen wie der polnische Arbeiterführer Lech Walesa oder Papst Johannes Paul II. fanden an diesem Gna-

▪▪▪ TSCHENSTOCHAU ▪▪▪

Nicht nur aus Polen pilgern die Menschen zum weltberühmten Wallfahrtsort Tschenstochau.

denort ihre geistliche Heimat. Viele Jahre zuvor hatte schon mit deutlichen Worten der Primas von Polen, Stephan Kardinal Wisczinsky, gegen die Gottlosigkeit des Kommunismus gewettert. Und zu dieser Zeit ging die Schwarze Madonna auf Pilgerreise.

Eine Kopie der Madonna wandert durch Polen

Die wundertätige Ikone war selbst zu einer Pilgerin geworden. Und das kam so: In der dunklen Zeit des Kommunismus wurde eine von zwei Kopien der Schwarzen Madonna auf die Reise geschickt. Sie wanderte in Polen von Pfarrei zu Pfarrei. Maria kam zu den Menschen, so wie es ihr Sohn Jesus als Wanderprediger vorgelebt hatte, der den Menschen nachgelaufen ist, dorthin, wo sie lebten. In der Bibel lesen wir: »Und er zog von einem Ort zum anderen.« Zwei Kopien schickte Kardinal Wisczinsky nach Rom. Eine machte er Papst Pius XII. zum Geschenk. Die andere ließ er vom Heiligen Vater segnen und schickte sie durch ganz

TSCHENSTOCHAU

Polen in die Pfarrgemeinden. Überall wurde sie freudig begrüßt und gefeiert. Die Menschen ließen sich nicht von der Regierung einschüchtern, die davon ganz und gar nicht begeistert war. Als die Kopie des Marienbildes aufgrund eines strikten Befehls der Machthaber in Tschenstochau verbleiben musste, gewissermaßen eingesperrt wurde, ging die Pilgerfahrt trotzdem weiter: Anstatt des Bildnisses wurde nun der leere Rahmen von Gemeinde zu Gemeinde geschickt. Die Menschen verstanden dieses Zeichen und es bestärkte sie nur noch mehr in ihrem Widerstand. In den 80er-Jahren nahm Lech Walesa die Kopie der Schwarzen Madonna mit auf die Werft nach Danzig zu den streikenden Arbeitern und stiftete später seinen Friedensnobelpreis der Madonna.

Der glühendste Verehrer dieser wundersamen Madonnenreliquie war und bleibt der polnische Papst Johannes Paul II. Die Polen sind heute nach wie vor fest davon überzeugt, dass bei seiner Wahl die Himmelskönigin ihre Hände im Spiel hatte. Die polnischen Bischöfe haben diese Wahl als ein Werk der Allerheiligsten Mutter interpretiert. So ließ Johannes Paul bei seinen Pastoralreisen nach Polen niemals einen Besuch in Tschenstochau aus. Die Schwarze Madonna von Tschenstochau ist zum Symbol der Einheit Polens geworden. In allen Schwierigkeiten – und davon hatte Polen reichlich – war sie nicht nur eine hoch politische Identifikationsfigur, sondern vor allen Dingen eine Trösterin des polnischen Volkes. Viele sagen, solange es die Madonna gebe, so lange sei Polen nicht verloren.

INFORMATIONEN FÜR DEN PILGER

Tschenstochau
Industriestadt (rd. 250 000 Einwohner) in Polen; wegen der »Schwarzen Madonna« einer der wichtigsten Wallfahrtsorte in der Welt

Sehenswürdigkeiten
- Basilika mit Gnadenkapelle
- Turm der Basilika (106 m)
- Schatzkammer
- Kreuzweg
- Rittersaal

Besondere Veranstaltungen
Die großen Wallfahrtstage:
3. Mai: »Feiertag der Königin Polens«
15. August: »Mariä Himmelfahrt«
26. August: »Fest der Muttergottes von Tschenstochau«
8. September: »Mariä Geburt«
12. September: »Mariä Namen«

Weitere Infos
www.jasnagora.pl

TURIN
PILGERN ZUM GRABTUCH CHRISTI

Pilgerreise nach Turin mit dem Flugzeug? Wer aus dem Norden kommend im Firnlicht über die Berge der Schweiz fliegt, schaut tief, sein Blick weitet sich, die Landschaft verstummt. Eisige Gipfel, in grandiosen Schwüngen erstarrt, wachsen einem entgegen. Ihnen ist Unnahbarkeit ins Profil geschrieben, gezeichnet von der Kraft der Stürme.

Man empfindet Demut vor den Urkräften der Erde, die diese Silhouetten geschaffen haben, vor der Sonne, die in hellen Streifen in die Täler fällt und ihre Konturen wie mit schwarzer Tusche herauszeichnet, vor dem hohen, hellen Himmel, der seine Befindlichkeiten und Inszenierungen weit im Voraus durch sein Wolkenspiel ankündigt, und vor den Seen, die wie Zauberspiegel alle Stimmungen und Farben einfangen. Losgelöst von der Erdenschwere, in vielen Tausenden Metern Distanz zum Menschenwerk des Gebauten, der Städte und Dörfer, wird der Pilger rasch zum Philosophen, der die Hektik der Zeit, das unablässige Ringen um Erfolg, das eigene bisherige Leben in Frage stellt. Doch die Frist für besinnliche Überlegungen ist knapp, die Flugzeit kurz, die guten Vorsätze werden beim Landeanflug nicht zu Ende gedacht.

Wer eine Pilgerreise mit bedächtiger Suche, mit langsamer Annäherung, mit spiritueller Vorbereitung verbindet, muss andere Wege nach Turin wählen. Es sei nicht verschwiegen, dass dem fliegenden Wallfahrer vieles entgeht, was dem fahrenden oder wandernden Pilger freundlich ausgebreitet neben dem Weg liegt: Naturschönheiten, stille Täler, stolze Burgen, längst aus der Zeit gefallen und ihren Wächterfunktionen enthoben. Dazu winzige Bauernhäuser, fast mit der Landschaft verwachsen, und kleine Kirchlein, so bescheiden, wie es die frühchristlichen Kirchen waren: Zufluchten, in denen tiefer Friede herrscht.

Einblicke in die Schöpfungsgeschichte

Der wahrscheinlich schönste Pilgerweg nach Turin führt mit dem Auto vom schweizerischen Städtchen Martiny am Rhône-Knie durch das Tal der Drance über den Großen St. Bernhard ins Aostatal und weiter durch das Tal der Dora Baltea südwärts. Die Straße über den Pass – wenn man sich das Erlebnis bei der Fahrt durch den Tunnel nicht entgehen lassen will –, die

150

Voll Freude und Hoffnung nach einem Besuch in der Kathedrale: ein Franziskanermönch in Turin

höchste Passstraße der Schweizer Alpen, zwischen der Montblanc-Gruppe und den Walliser Alpen gelegen, gewährt grandiose Einblicke in die Schöpfungsgeschichte. Schönheit lässt sich auch in den mit Geröll bedeckten Matten des Plan de Proz, deren harte Gräser und moosige Flechten den von Eis und Wasser glatt geschliffenen Steinen trotzen, finden. Und man entdeckt sie auch in der lebensfeindlichen Enge des Pas de Marengo oder in der Einöde neben den Straßenwindungen, deren Schneemulden der Sonne und dem Sommer standhalten. Das

TURIN

berühmte Hospiz, das der heilige Bernhard von Aosta 1081 gründete, um Reisenden in der 2469 Meter hoch gelegenen Bergeinsamkeit zwischen den Fast-Dreitausendern Mont Mort und Pic de Drona in misslichen Lagen behilflich sein zu können, wird jetzt von Augustinerchorherren geleitet. Gewiss, längst werden modernere Rettungsmittel eingesetzt, doch das Bild von den tapferen Mönchen und ihren Bernhardinerhunden, deren Einsatz so viele Leben vor dem Erfrierungstod bewahrte, wenn die Demut der Bergerfahrenen auf den Hochmut und den Ehrgeiz der Unerfahrenen traf, hat nach wie vor Bestand.

Man passiert die schweizerisch-italienische Grenze. Die Melodie der Sprache ändert sich. Das raue Älplerisch geht in das weiche Italienisch über, der bedächtige Redefluss wird beschwingter. Nein, auch jenseits der Grenze weht keine andere Luft, scheint keine andere Sonne.

1998 betete Papst Johannes Paul II. während seiner zweitägigen Pilgerreise nach Turin vor dem Grabtuch.

Die alten Wege der Mühsal sind auch heute noch Wege zur inneren Stille. Jahrtausende kreuzten hier am 2749 Meter hohen Großen St. Bernhard ihre Spuren. Auf dem Plan de Jupiter stand einmal ein Tempel des Jupiter Poenius, nun schmückt ihn ein Bronzestandbild des heiligen Bernhard von Aosta, des Patrons aller Bergsteiger. Die Bitten zu den Göttern und die Gebete zu Gott dürften jedoch zu allen Zeiten ähnlich gelautet haben, denn die Sorgen und Ängste der Menschheit bleiben ewig gleich und sind für viele Pilger Antrieb, um sich auf den Weg zu machen.

Mehrere deutsche Kaiser benutzten den uralten Verkehrsweg nach Italien, auch Karl der Große, als er sich von Papst Leo III. zum weströmischen Kaiser krönen ließ. Und auch Heinrich IV., als er zur kalabrischen Felsenburg Canossa pilgerte, um durch konsequente Selbstdemütigung die Lösung des Kirchenbanns vom gestrengen Papst Gregor VII. zu erreichen. Ja, selbst Frankreichs Kaiser Napoleon kam, schleppte ein Heer von 30 000 Mann durch Matsch und Frühlingsschnee über den Großen Sankt Bernhard, um in Mailand Krieg gegen die Österreicher zu führen. Es ist denkbar, dass viele seiner Soldaten am Pass um ihre Wiederkehr beteten. Doch nicht alle hatten Glück, wie das Grabmal des gefallenen französischen Generals Louis Charles Antoine Desaix in der kleinen Kirche am Pass offenbart.

Piemont zu Füßen der Berge

Die weiterführende Straße senkt sich in beeindruckenden Kehren abwärts im Vallee du Grand St. Bernhard, das der Torrente Artanavaz schnell durchfließt, und erreicht Aosta. Hier ist Piemont im Sinne von »zu Füßen der Berge«. Von Westen weht die Bergluft von den höchsten französischen Alpengipfeln und der würzige Geruch vom Nationalpark Gran Paradiso herüber, im Nordosten weiß man Matterhorn und Monte Rosa. Plötzlich fühlt man: Es ist ein großartiger Pilgerweg, der die Gedanken und Wünsche zwar zuweilen in die Bergwelt abgleiten lässt, aber der Wallfahrer empfindet die Landschaft als reines Glück, das man auf dem Weg zu einer der größten Reliquien der Christenheit verspüren darf.

Im alten Aosta fegt der Wind durch die leeren Fensterhöhlen der römischen Theaterruine. Unter dem Augustusbogen gingen die Römer hindurch, ehe Christus geboren wurde und sich der Pontifex Maximus zum obersten Priester Roms aufgeschwungen hatte, lange bevor Aosta im Mittelalter zum religiösen Zentrum der Region wurde und vor 1000 Jahren Erzbischof Anselm von Canterbury in die Welt schickte. Hier gerät dem Pilger Geschichte unversehens zum Thema. Auch die Bibelgeschichte. Wie war das damals? Wie verlief das Leben von Jesus?

Wie war sein Tod? Fragen, die jede Pilgerschaft nach Turin berühren. Manchmal kann man Antworten in Bildern lesen. In der Collegiata del Santi Pietro e Orso in Aosta gibt es einen bedeutenden Freskenzyklus aus dem 11. Jahrhundert mit Darstellungen aus dem Leben Christi und der Apostel. Die Fresken haben an Farbkraft verloren, die Zeit hat die Pastelltöne verblassen lassen, aber das Leben Jesu möge dem Pilger zur Einstimmung auf das Kommende dienen, zur Vorbereitung auf den Tod Christi und auf das Grabtuch, das im Dom von Turin aufbewahrt wird.

Wachsame Burgen begleiten die Valle d'Aosta längs der Dora Baltea. Die Häuser sind mit Schieferplatten gedeckt, die Holzschnitzer in den grandiosen Nebentälern arbeiten an frommen Themen, in kleinen Kirchen beten Gläubige in frankoprovenzalischen Dialekten. Man versteht sie nicht, und auch ihr Sprachrhythmus klingt fremd, aber ihre Freundlichkeit ist offen und echt. Bis Ivrea folgt die Straße dem Flusslauf. Man sollte nicht die schnelle Autobahn nehmen, sondern über die ruhigere Landstraße fahren, Umwege wählen, Nebenstraßen nutzen. In den kleinen Bergdörfern abseits der Straße, im Bauernland fern der Stadt, gibt es viel zu entdecken, ehe der Verkehr dichter wird, der die Nähe zu Turin ankündigt.

Reliquie im Besitz der Fürsten von Savoyen

Turin hat einen anderen Lebensrhythmus, ein anderes Flair als die übrigen italienischen Städte. Einst römisch und doch wenig römisch, italienisch und doch sehr unitalienisch. Unitalienisch im Sinne von voralpin, meerfern, kühl, distanziert, sogar die barocken Bauten sind nicht bloß barock, sondern im Stil des »Turiner Barock«.

Man fragt sich, wie in dieser ekstatisch gewachsenen Stadt, die als Italiens Hauptstadt nur ein Interimstraum war und die lange Zeit ein Klima des Terrors und gewalttätiger Wirren erlebte, das Umfeld für eine der wichtigsten Reliquien der Christenheit entstehen konnte. Man geht durch das Stadtzentrum, es ist hektisch, laut. Man geht von der Piazza San Carlo mit den beiden Kirchen S. Cristina und S. Carlo über die Via Roma und stößt auf den Palazzo Reale. Die Residenz der Fürsten von Savoyen erscheint von außen einfach, ein von der Sonne ausgeglühter Backsteinbau, dessen Luxus sich im Inneren verbirgt. Hier lebten die Savoyer, die durch Heirat in den Besitz der Markgrafschaft Turin gekommen waren. Sie zogen im 16. Jahrhundert von Chambery nach Turin um. 160 Jahre später waren sie Könige von Sardinien und weitere 140 Jahre später Könige von Italien. Jahrhundertelang waren sie im Besitz des Grabtuchs, soweit man eine Reliquie überhaupt besitzen kann.

154

TURIN

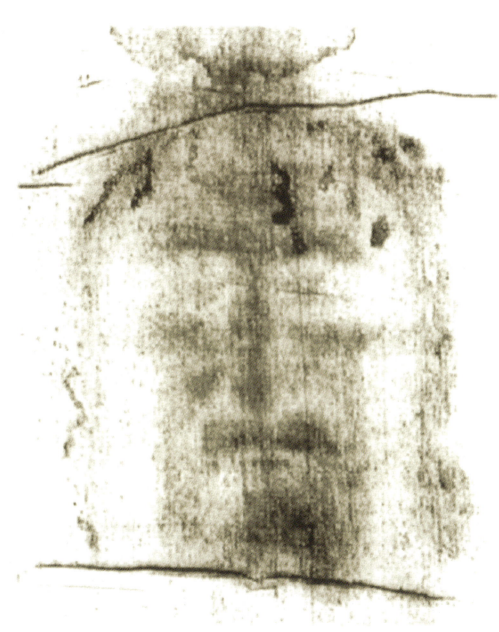

Oberer Teil des Turiner Grabtuchs, dessen Rätsel viele Wissenschaftler zu entschlüsseln hoffen

155

• • • TURIN • • •

Kirchturm an der Turiner Basilika

Auch Viktor Emanuel II., »König von Gottes Gnaden«, der die Leidenschaft zu herrschen mit der Leidenschaft zu lieben teilte, ein Mann, der nicht sehr moralisch, aber sehr fromm war und vom Schicksal zur zentralen Figur des Risorgimento auserwählt wurde, gab sich mit Verve als Hüter des Grabtuchs aus. Offensichtlich brachte es ihm Glück.

Die Geschichte dieses Grabtuchs beginnt jedoch nicht mit den Savoyern, sie begann wahrscheinlich an einem 7. April um das Jahr 30 n. Chr. in Golgotha, einem Gelände nordwestlich von Jerusalem, auf dessen Hügel Jesus gekreuzigt wurde. Über die Bestattung des Leichnams Jesu, die nachfolgende Entdeckung des leeren Grabes und den Fund des Schweißtuchs ist im Johannes-Evangelium nachzulesen: Josef aus Arimathäa und Nikodemus nahmen den Leichnam vom Kreuz, wuschen seine Wunden, umwickelten ihn mit Leinenbinden und einem Grabtuch, zusammen mit Salben aus Myrrhe und Aloe, wie es bei jüdischen Begräbnissen Sitte war, und begruben ihn in einem Garten, nahe dem Ort, wo man ihn gekreuzigt hatte. Drei Tage später entdeckte Maria von Magdala das leere Grab... »da kam auch Simon Petrus und ging in das Grab hinein. Er sah die Leinenbinden liegen und das Schweißtuch, das auf dem Kopf Jesu gelegen hatte, es lag aber nicht bei den Leinenbinden, sondern zusammengebunden daneben an einer besonderen Stelle.« Auch über die Erscheinung Jesu vor Maria und die Erscheinung des Auferstandenen am See von Tiberias berichtet dieses Evangelium. Das Schweiß- oder Grabtuch lag also bereits vor mehr als 2000 Jahren an besonderer Stelle. Was geschah mit ihm, wer nahm es an sich?

Die Frage nach der Echtheit

Die Geschichte der christlichen Wallfahrt, die dem Bedürfnis der Menschen entsprang, Gott von Zeit zu Zeit besonders nahe zu kommen, begann vor langer Zeit. Ströme von Pilgern wanderten seit den ersten christlichen Jahrhunderten zum Heiligen Grab nach Jerusalem. Für sie war und ist es der Mittelpunkt der Erde und das unumstößliche Zentrum ihres Glaubens. Ob die Menschen nun friedlich, nur von ihrer Frömmigkeit beseelt, oder als Kreuzritter mit kriegerischen Vorgaben die weite Reise antraten, letztendlich war es nur ein kleiner Teil der Menschheit, der diese unmittelbare Nähe zur »Stätte der Erlösung« empfinden durfte. Für alle, die nicht reisen konnten, entwickelte sich aus dem Gräberkult der Reliquienkult. Ein Splitter vom Kreuz, eine Dorne aus der Krone, der Kopf eines Kreuznagels: Ein Wettlauf um die verehrungswürdigsten Reliquien begann mit einer Mischung aus Gläubigkeit, Besitzerstolz, Machtgier und Geschäftsstreben. Niemand weiß, wie viele unechte Reliquien verehrt wurden, wie viele Wallfahrten auf volkstümliche Kulte zurückzuführen sind. Man weiß aber, dass sich im Lauf der Jahrhunderte viele Mächtige rühmten, das echte Grabtuch Christi zu besitzen.

Der mögliche Weg des Grabtuchs in den ersten Jahrhunderten nach Christi Geburt liegt im Dunkel. Seine erste Erwähnung kursierte im Umfeld Kaiser Konstantins des Großen. Die Geschichte Konstantins ist die immer wiederkehrende Legende des Bekehrten. Glücklos blieb er, der Verehrer des Sonnengottes, ehe er unter der Standarte mit dem Christusmonogramm seine Widersacher besiegte. Am Bosporus entstand daraufhin Konstantinopel als ein »Nova Roma« mit synkretistischen Zügen. Auf der Forumsäule stand das Abbild des Kaisers in Gestalt des Apollon Helios. Mit der Säule vermengt wurden Splitter vom Kreuz Christi, ein Palladium der Athene von Troja, ein Beil Noahs und der Stein des Moses, aus dem er in der Wüste Wasser schlug. Es ist möglich, weil viel beredet, wenn auch nicht historisch verbürgt, dass Konstantin auch das Grabtuch Christi in Verwahrung hatte. Dass es sich in seinem Nachlass befand, könnte durch die erste urkundliche Erwähnung aus Konstantinopel und Edessa, dem Zentrum der christlichen Kirche im Osten, im 6. Jahrhundert an Wahrscheinlichkeit gewinnen. Als während des unseligen vierten Kreuzzugs die Ritter Konstantinopel, die goldene Kaiserstadt, die dem Traum eines »himmlischen Jerusalems« nachgebaut worden war, in einem sinnlosen Rausch verwüsteten und plünderten, verschwand das Grabtuch aus der Marienkirche des kaiserlichen Blachernenpalastes. Auf seltsam verschlungenen, zur Kreuzritterzeit nicht ungewöhnlichen Wegen landete die Reliquie in Frankreich und wurde im Jahr 1357 in der Stiftskirche Lirey erstmals der Öffentlichkeit präsentiert. Im Streit der Päpste und Gegenpäpste, im Gezänk willfähriger Bischöfe und weniger willfähriger Kritiker wurde das heilige Tuch hin und her gezerrt. 1453 erwarb es Ludwig, der Herzog von Savoyen, der es in seiner damaligen Hauptstadt Chambery aufbewahren ließ. Das Kleinod überstand in einer Silberkiste einen Brand in der Schlosskapelle, erlitt dabei schwere Schäden, die aber schließlich von Nonnen ausgebessert wurden.

Seit 1578 befindet sich das Grabtuch in Turin, wo es bis heute im Dom aufbewahrt wird. Dennoch blieb es im Besitz des Hauses Savoyen, ehe es der letzte italienische König, Umberto II., dem Heiligen Stuhl schenkte. Seit mehr als 100 Jahren hat sich die Wissenschaft des Grabtuchs angenommen. Wahrheit, Fälschung, theologische Kühnheit?

Die Pilger wollen jedoch glauben, und die Kirche macht es ihnen leicht. Der Erzbischof von Turin wurde vom Papst offiziell zum »Hüter des Grabtuchs« ernannt, und dieser sprach klare Worte: »Ich bin überzeugt, dass das Sindone das Tuch ist, in das Jesus nach seinem Tod am Kreuz eingewickelt wurde.«

Die Kathedrale – ernst und streng

Man ist nach langer Pilgerfahrt beim Dom S. Giovanni Battista angelangt und erwartet nach Erfahrungen in anderen Wallfahrtsorten Glanz und Pomp und im Mittelgang einen grandiosen Auftritt, der sich zur Kapelle des Schweißtuchs Christi steigert. Doch die Vorahnung täuscht. Anderswo baute man zu Ehren von Reliquien eigene Kirchen oder stattete bereits bestehende mit äußerstem Glanz, mit Golddekor und unendlichen Mengen von Silber aus, um jene Stimmung zwischen Mystik und Glückseligkeit zu schaffen, aus der Wallfahrer schöpfen. Das dreischiffige Innere der Kirche hingegen ist einfach, bis auf die Ausschmückung der Seitenkapellen, die aber nur wenig ins Auge fallen. Die Anlage ist ernst, fast streng und dämmrig zugleich. Viele Frauen mit dunklen Schleiern über den Haaren, wenige Männer besuchen die Kirche. Über der Apsis befindet sich die kreisförmige Capella della SS Sindone. Jahrhundertelang lag auf dem Altar die einem Sarg nachgebildete Urne, die das heilige Grabtuch enthielt. Man weiß, dass sich in dieser Urne ein 4,36 Meter langes und etwas

158

über einen Meter breites Leinentuch befindet, welches das schattenhafte Bild eines Gekreuzigten sichtbar macht und als Grabtuch Christi gilt. Das verzerrungsfreie Bild zeigt den Körperabdruck von Vorder- und Rückseite eines gekreuzigten Mannes mit Geißelungsspuren, sein Antlitz, die Verletzungen am Kopf durch Dornenkrönung, Wunden an Händen und Füßen durch Annagelung und eine Stichwunde in der Herzgegend. Die Wissenschaft hat sich in den letzten Jahren durch Anwendung neuester technischer Möglichkeiten und kriminalistischem Scharfsinn unendlich viel Mühe gegeben, die Echtheit des Tuches zu untersuchen. Es wurden viele Hypothesen aufgestellt, es gibt viele Erklärungen, die sich zunächst nur auf Wahrscheinliches oder Vermutetes gründen. Keine Reliquie der Welt wurde mit so viel Akribie untersucht, keine gibt so viele Rätsel auf, fordert so viele gegensätzliche Meinungen heraus, ruft bei den Befürwortern der Authentizität und ihren Gegnern so viel und so heftigen Streit hervor.

Die Pilger indes wollen glauben und vertrauen: ihrem Gefühl, dem Erzbischof und den Heilungswundern, die sie erhoffen. Das Tuch indes ist selbst immer wieder in Gefahr. Bei einem Brand der Kathedrale im Jahr 1997 konnte es erst in letzter Minute unversehrt gerettet werden, es befindet sich aber nach wie vor im Dom. Die Capella della S. Sindone allerdings erlitt Schäden und die Restaurierungsarbeiten dauern noch an. Im Jahr 2000 wurde das Original des Grabtuchs ausgestellt und viele durften es sehen. Erst für 2025 ist das nächste Datum für eine Ausstellung vorgesehen. Bis dahin muss man sich mit einer im Dom gezeigten Kopie zufrieden geben. Außergewöhnliches erfordert eben Geduld.

INFORMATIONEN FÜR DEN PILGER

Turin
Großstadt im Nordwesten Italiens (rd. 860 000 Einwohner); der Dom beherbergt das berühmte Grabtuch Jesu
Sehenswürdigkeiten
• Grabtuch
• Dom mit
  Capella della Santa Sindone

• Basilica di Superga
• Mole Antonelliana
• Castello del Valentino
Besondere Veranstaltungen
Große Ausstellung des Grabtuchs
im Jahr 2025
Weitere Infos
www.comune.torino.it

▪▪▪ VITA ▪ BILDNACHWEIS ▪▪▪

Friedhelm Grewe wurde 1950 in Höxter geboren. Seit seinem 17. Lebensjahr ist er Pfadfinderleiter (Motto: »Leben mit leichtem Gepäck«). Er gehörte von 1968 bis 1972 dem Steyler Missionsorden an. Der gelernte Sozialpädagoge wurde nach seiner theologischen Ausbildung 1990 in Essen zum Diakon geweiht. Er gründete mehrere Jugendgästehäuser in der Eifel und im Sauerland, ist seit 30 Jahren Berater von Kriegsdienstverweigerern und eröffnete 1995 das Pilgerbüro SHALOM. Rund 50-mal war er selbst als Pilger in Lourdes, 67 Pilgerreisen führte er ins Heilige Land. Seit 2004 ist er Ritter vom Hl. Kreuz zu Jerusalem. Darüber hinaus bereiste er zahlreiche Länder, u. a. Mexiko, Russland und Ägypten. Friedhelm Grewe ist verheiratet mit Elisabeth und hat zwei Söhne. Weitere 30 Kinder, mit denen sie früher in ihrem Kinderhaus zusammenlebten, haben sie als »ihre Eltern« adoptiert.

ASBL Banneux, La Vierge des Pauvres, Banneux: 37, 39, 40 • Associated Press, Frankfurt/Mauro Pilone: 151 • Biuro Prasowe Jasnej Góry, Tschenstochau: 148 • Fotoarchiv des Messagero di Sant'Antonio, Padua: 97, 98, 101, 102 • Fototeca ENIT, Frankfurt: 155, /Vito Arcomano: 156 • Ewald Hillmann, Essen: 31, 33 • KNA-Bild, Bonn: 22, 107, 152 • Office de Tourisme de Lourdes/Sanctuaire Nôtre Dame de Lourdes/EURL Basilique du Rosaire: 75, 76, 81, 82 • Photoplexus, Lünen/Bonn: Dirk Bauer: 54; Yoav Galai: 53, 60, 61, 66; Katja Schmela: 57; Andreas Schmid: 108-109, 110, 114, 117, 119 • Picture-alliance, Frankfurt: /Bildagentur Huber: 120; /dpa/Horst Ossinger: 69, 70; /dpa/epa ansa Monteforte: 118 • Polnisches Fremdenverkehrsamt/POT, Berlin: 141, 145, 1446, • Sanctuaire d'Ars, Ars: 16, 19 l., 19 r., 20 • Santuario di Fátima, Fátima: 45, /Luis de Oliverira 43, 46, 49, 50 • Servizio Turistico Associato, Assisi: 25 • Stadtverwaltung Czechostowa: 142 • Tourismusverband Mariazeller Land, Mariazell: 87, 88, 91 • Turismo de Santiago, Santiago de Compostela: 125, 128, 133, 136 • Wallfahrtsleitung Kevelaer: 72 • Wallfahrts- und Verkehrsbüro Altötting/Heiner Heine: S. 11, 12
Karte S. 6-7: txt redaktion & agentur, Lünen